Götz

Bernhard Hassenstein Klugheit

Bernhard Hassenstein

Klugheit

Bausteine zu einer Naturgeschichte
der Intelligenz

Deutsche Verlags-Anstalt
Stuttgart

CIP-Titelaufnahme der Deutschen Bibliothek

Hassenstein, Bernhard:
Klugheit : Bausteine zu e. Naturgeschichte
d. Intelligenz / Bernhard Hassenstein. –
Stuttgart : Deutsche Verlags-Anstalt, 1988
ISBN 3–421–02751–X

Lektorat: Margot Adrion
Gesamtherstellung: Friedrich Pustet, Regensburg
Printed in Germany

Inhalt

Einleitung

Klugheit ist wichtig: Wie klug ein Kind ist, entscheidet darüber, welche Schulen – vielleicht später auch welche Hochschulen – es besuchen kann. Deren Abschlußzeugnisse sind Eintrittsausweise für Berufe und damit für Weichenstellungen im Lebenslauf. Die Bewährung im persönlichen Leben und im Beruf hängt fast täglich mit davon ab, wie klug man sich verhält. Kein Wunder also, daß man sich für Fragen der Klugheit des Menschen interessiert. Klugheit ist, wie sich im Verlauf der Erörterungen zeigen wird, ein vielschichtiger Begriff. Er ist mit dem der *Intelligenz* nahe verwandt, doch schließt er mehr ein, hat also einen größeren Umfang als dieser.

Im Menschen vereinigen sich zwei Wesenheiten: Er ist Natur- und Kulturwesen. Auch die Klugheit des Menschen hat natürliche, biologisch gegebene Grundlagen, ist aber zugleich – und zwar überwiegend – eine seelisch-geistige Lebenserscheinung. Das Buch behandelt im Prinzip die Klugheit als Gesamterscheinung, befaßt sich jedoch vorwiegend mit den *biologischen Grundlagen*. Auch diese behandelt es nicht erschöpfend; es präsentiert, wie der Untertitel des Buches zu erkennen gibt, lediglich *Bausteine* zu einer Naturgeschichte der Intelligenz.

Das Buch besteht aus gedanklich in sich geschlossenen, teils kürzeren, teils längeren Abschnitten. Der Leser braucht sie nicht in der gegebenen Reihenfolge zu lesen. Er kann je nach Interesse auch an anderen Stellen als am Anfang beginnen und von Abschnitt zu Abschnitt hin und her springen.

Als Adressaten dieses Buches stelle ich mir vor allem Erwachsene – Eltern oder Lehrer – im Gespräch mit interessierten

Jugendlichen vor. Diese möchten wissen: »Was ist Begabung?«, »Wodurch entsteht ein Genie?«, »Ist Intelligenz erblich?«, »Wozu muß ich so viel lernen, wo ich doch später alles im Lexikon nachschlagen kann?« usw., und sie bringen die Befragten womöglich in arge Verlegenheit. Man braucht, um hier Rede und Antwort stehen zu können und den Wissensdurst der jungen Menschen zu befriedigen, vor allem zweierlei: treffende Beispiele und umgangssprachlich formulierte überzeugende Aussagen. All dies will das Buch liefern. Ich habe mich daher besonders bemüht, für die wichtigsten Aussagen anschauliche, interessante Beispiele zu finden. Diese stammen, soweit möglich, aus meinem persönlichen Erfahrungsbereich, die übrigen aus der Literatur.

Über das Thema »Intelligenz« gibt es bereits zahlreiche inhaltsreiche und hervorragende Bücher. Warum tritt hier ein weiteres hinzu? Die Veranlassung gaben verschiedenartige persönliche Begegnungen mit diesem Wissensgebiet, die mir neue, mitteilenswerte Zugänge zu diesem Thema zu eröffnen schienen, nämlich:

– die Entdeckung des Prinzips der »wechselseitigen bedingten Verknüpfung« durch meinen wissenschaftlichen Schüler Dr. Gerd Willwacher. Dieses Prinzip vermag einen Schlüssel dazu zu liefern, was man sich funktionell unter einer »Assoziation« vorstellen kann;

– im Rahmen meines bildungspolitischen Engagements die Berührung mit den Schul- und Bildungsreformen der siebziger Jahre und die Arbeit in der Schulkommission »Anwalt des Kindes« des Kultusministeriums Baden-Württemberg (Hassenstein*, Hrsg., 1981);

– die Behandlung der Intelligenzleistungen der Tiere im Rahmen der akademischen Lehre der Verhaltensbiologie in Vorlesungen und in den Büchern »Verhaltensbiologie des Kindes« (1973/1987) und »Biologie – ein Lehrbuch« (1976/1981) sowie in dem Taschenbuch »Instinkt Lernen Spielen Einsicht« (1980);

– wissenschaftliche Arbeiten zur Theorie des Lernens und zum Problemkomplex »Erbgut, Umwelt, Intelligenzquotient und deren mathematisch-logische Beziehungen« (Hassenstein*, 1982);

– eine jahrzehntelang betriebene Sammlung von Einzelbeobachtungen über Gedächtnis- und Sprechfehler.

Die Ausgangsbasis für dieses Buch war ein Vortrag »Begabung und Intelligenz. Bemerkungen zu zwei anthropologischen Schlüsselbegriffen«, gehalten in der Werner-von-Siemens-Stiftung, München (Hassenstein*, 1981). Ich danke Herrn Dr. Hans Rössner, München, für die Anregung und Möglichkeit zu diesem Vortrag, sowie auch zur Herausgabe dieses Buches. Meiner Frau Helma Hassenstein danke ich für die kritische Durchsicht des Manuskripts und für zahlreiche Beiträge zum Inhalt und zur textlichen Gestaltung.

Abschließend bitte ich meine Leser, mir dabei zu helfen, das Buch für etwaige weitere Auflagen zu vervollkommnen: durch Hinweise auf offen gebliebene Fragen, durch Mitteilung von Beobachtungen, durch Bestätigung oder, falls nötig, durch Widerspruch, sowie durch Hinweise auf schwer verständliche oder mißverständliche Textstellen. Auch kurze, einzelne Mitteilungen sind willkommen.

Freiburg i. Br., Albertstraße 21a
im Februar 1988 Bernhard Hassenstein

Hinweise für Leser:

Ausdrücke, die mit einem Sternchen (*) versehen sind, werden am Schluß des Buches im Abschnitt »Nicht im Text erklärte Fremdwörter und Fachausdrücke«, Seite 147, erläutert.

Namen, die mit einem Sternchen versehen sind, erscheinen im Literaturverzeichnis, Seite 153

CRISTIANI HVGENII
ZVLICHEMII, CONST. F.

SYSTEMA
SATVRNIVM,

Sive

De causis mirandorum SATVRNI
Phænomenôn,

Et

Comite ejus

PLANETA NOVO

HAGÆ-COMITIS,

Ex Typographia ADRIANI VLACQ.
M. DC LIX.

Abb. 1: Titelseite des Buches von Christian Huygens.

1. Brillanz einer Intelligenzleistung: die Entdeckung des Saturnringes 1659

Die Entdeckungsgeschichte des Saturnringes vor rund 330 Jahren eignet sich als einführendes Beispiel für eine brillante, einzelne, gut durchschaubare Intelligenzleistung. Der berühmte holländische Physiker und Astronom Christian Huygens (1629–1695) beobachtete in den Jahren 1655 bis 1659 – wie viele seiner Zeitgenossen – mit besonderem Interesse die Planeten, darunter auch den prächtigen *Saturn,* der am Nachthimmel mit Jupiter, Mars und Venus an strahlender Helligkeit wetteifert. Im Jahre 1659 veröffentlichte Huygens, dreißigjährig, seine bis dahin gesammelten Beobachtungen unter dem Titel (übersetzt): »System der Saturne (gemeint sind der Saturn und seine Monde) oder über die Ursachen der merkwürdigen Erscheinungsweisen des Saturn ...« (Abb. 1).

Der Ausdruck »merkwürdige Erscheinungsweisen« bezieht sich dabei auf folgendes: Im Unterschied zu den anderen Planeten sieht der Saturn zeitweise nicht wie ein kreisrundes Scheibchen aus, sondern er ist schräg zur Ekliptik* in die Länge gezogen. Das hatte bereits Galilei, der Erfinder des Fernrohrs, 1610, also fünfzig Jahre zuvor, festgestellt. Man konnte diese Besonderheit des Saturn aber mit den damaligen Fernrohren noch nicht näher analysieren; jedenfalls waren zunächst die unterschiedlichsten Beobachtungsergebnisse veröffentlich worden. Huygens publizierte in seinem Büchlein 1659 eine Zusammenstellung von Abbildungen seiner Vorgänger (Abb. 2): Galilei selbst hatte ein mittleres größeres Scheibchen und zwei kleinere seitliche Lichtflecke zu sehen geglaubt. In der Abbildung eines anderen Beobachters sind die beiden Seitenflecke nicht kreisförmig, sondern wie zwei einander zugekehrte winzige Mondsicheln dargestellt. Einem dritten Astronomen erschienen ähnliche kleine Mondsicheln mit der mittleren Scheibe verbunden, so als sei diese mit zwei Öhrchen oder zwei Henkeln versehen. Ein vierter Beobachter stellte statt dessen eine ellipsenförmige Scheibe mit zwei kreisrunden Aussparungen dar usw.

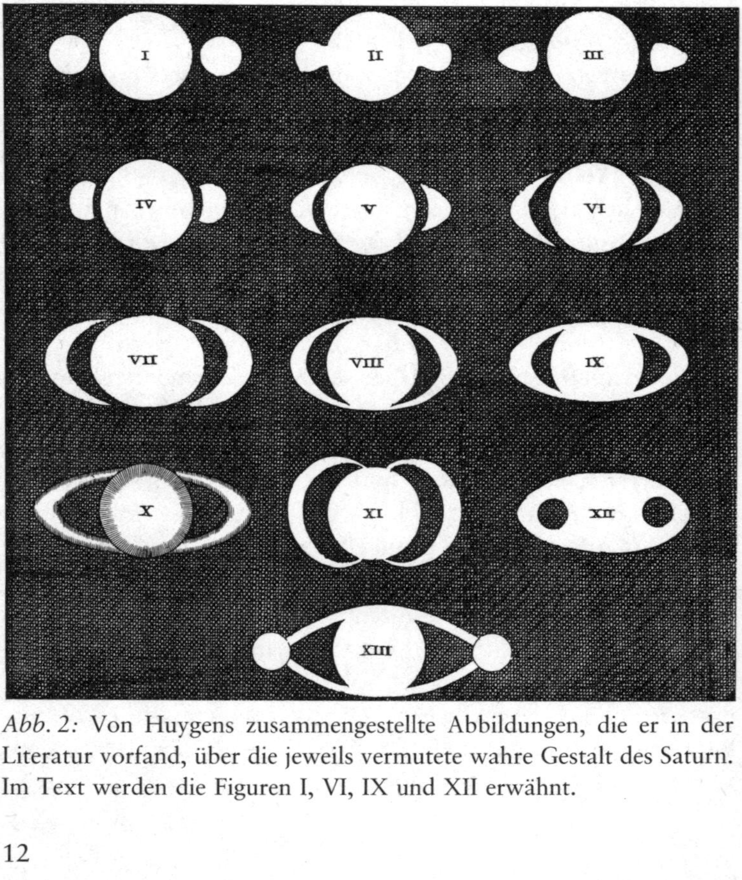

Abb. 2: Von Huygens zusammengestellte Abbildungen, die er in der Literatur vorfand, über die jeweils vermutete wahre Gestalt des Saturn. Im Text werden die Figuren I, VI, IX und XII erwähnt.

Als Huygens zu arbeiten begann, standen also ungenaue, einander widersprechende, noch nicht genau faßbare Beobachtungsergebnisse nebeneinander. Ein Verständnis für das Ganze, ein verbindender Gedanke, fehlte. Mit einem solchen verwirrenden Nebeneinander von ungenau erhobenen, womöglich unzutreffend idealisierten und noch nicht verstandenen Befunden beginnen neu geplante Forschungsgänge in den Naturwissenschaften häufig. Doch kenne ich kein Bild, das ein solches ungeklärtes Anfangsstadium der Forschung so anschaulich vor Augen führt wie diese Abbildung von Huygens.

Im weiteren Verlauf der Forschung bis zur Aufklärung eines naturwissenschaftlichen Problems sind zumeist mehrere bis viele Schritte nötig, ein langdauerndes, vielfältiges Wechselspiel zwischen experimentellen und theoretischen Fortschritten. Hier aber gelangte Huygens zu der Hypothese, die sich später als richtig erweisen sollte, in einem einzigen Schritt durch eine einzelne glänzende wissenschaftliche Idee: Er kam auf den Gedanken, sämtliche bisherigen Abbildungen seien *flächige,* ungenaue Bilder von einem in Wirklichkeit *räumlichen* System, einer Kugel mit einem frei darum schwebenden flachen Ring.

Abbildung 3 zeigt eine Reproduktion der Seite, auf der Huygens diese seine – endgültig richtige – Deutung der Gestalt des Saturns darstellte. Zugleich schrieb er, daß er sie schon drei Jahre zuvor veröffentlicht hatte, aber vorsichtshalber als Anagramm*! So hatte er sich, falls er recht hatte, die Priorität* gesichert; hätte er unrecht gehabt, so hätte niemand erraten können, welcher Fehlschluß ihm unterlaufen gewesen war. Die Übersetzung der entscheidenden Sätze (ab Zeile 3) lautet: »Diese Hypothese habe ich zusammen mit der Beobachtung eines Saturnmondes am 25. März 1656 mit umgestellten Buchstaben veröffentlicht. Diese hießen aaa ... uuu und bedeuten, an ihren rechten Ort zurückversetzt: Ihn umgibt ein Ring: flach, eben, ihn nirgends berührend, gegen die Ekliptik* geneigt.«

Mit dem gedanklichen Schritt vom flächigen Bild zur räumlichen Vorstellung hatte Huygens den Saturnring entdeckt. Das ist

ea quam dixi annuli inclinatione, omnes mirabiles Saturni facies ſicut mox demonſtrabitur, eo referri poſſe inveni. Et hæc ea ipſa hypotheſis eſt quam anno 1656 die 25 Martij permixtis literis una cum obſervatione Saturniæ Lunæ edidimus.

Erant enim Literæ a a a a a a a c c c c c d e e e e e g h i i i i i i i l l l l m m n n n n n n n n n o o o o p p q r r s t t t t t u u u u u; quæ ſuis locis repoſitæ hoc ſignificant, *Annulo cingitur, tenui, plano, nuſquam cohærente, ad eclipticam inclinato.* Latitudinem vero ſpatij inter annulum globumque Saturni interjecti, æquare ipſius annuli latitudinem vel excedere etiam, figura Saturni ab aliis obſervata, certiuſque deinde quæ mihi ipſi conſpecta fuit, edocuit: maximamque item annuli diametrum eam circiter rationem habere ad diametrum Saturni quæ eſt 9 ad 4. Ut vera proinde forma ſit ejuſmodi qualem appoſito ſchemate adumbravimus.

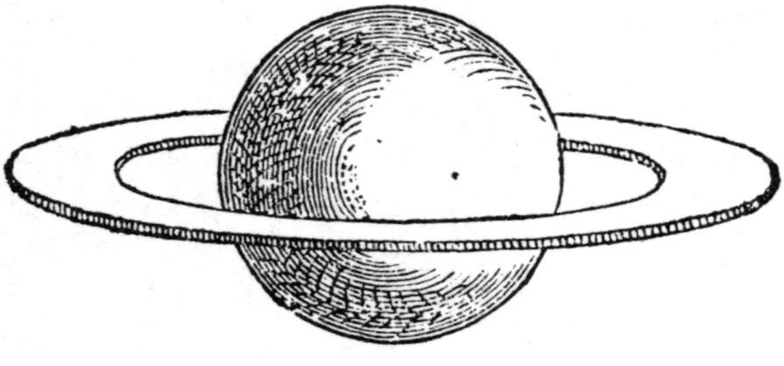

Cæterum obiter hic iis reſpondendum cenſeo, quibus novum nimis ac fortaſſe abſonum videbitur, quod non tantum alicui cæleſtium corporum figuram ejuſmodi tribuam, cui ſimilis in nullo hactenus eorum deprehenſa eſt, cum contra pro certo creditum fuerit, ac veluti naturali ratione conſtitutum, ſolam iis ſphæricam convenire, ſed & quod annulum

sinnbildlich: Hierdurch wurde buchstäblich eine neue Dimension für das damalige wissenschaftliche Denken eröffnet. In dieser epochemachenden Intelligenzleistung paarten sich Brillanz des wissenschaftlichen Einfalls und kristallene Klarheit der Vorstellung. Hierbei spielte es gewiß eine Rolle, daß Huygens eine Ausbildung als Physiker besaß und darum mehr als viele damalige Astronomen im dreidimensionalen Denken erfahren war.

Nach dem Huygens-Beispiel läge es nun nahe zu meinen, je intelligenter ein Mensch, desto klarer und präziser werde sein Denken ablaufen und desto genauer müßte er über seine intellektuellen Prozeßabläufe Auskunft geben können, insbesondere wenn es sich um mathematische Überlegungen handelt. Für den Nichtfachmann überraschend, ist das aber oft ganz anders. Das zeigt der nächste Abschnitt: zur Intelligenz Albert Einsteins.

Abb. 3: Erklärung im Text.

2. Schwebendes Vorstadium der Problemlösung: Einstein

Würde man eine Umfrage veranstalten, wer der intelligenteste Mensch dieses Jahrhunderts war, dann würde Albert Einstein die meisten Stimmen erhalten. Seine große wissenschaftliche Entdekkung war die Relativitätstheorie. Wie arbeitete Albert Einsteins Intelligenz?

Wir haben das Glück, diese Frage recht genau beantworten zu können; denn Einstein wurde in den zwanziger Jahren von einem der bedeutendsten Psychologen seiner Zeit, Max Wertheimer*, darüber befragt, wie er zu seinen epochemachenden Einsichten gelangt sei. Das Ergebnis dieser Befragung hört sich ganz anders an, als man es nach dem vorangegangenen Beispiel vermuten würde – keine »kristallene Klarheit« wie bei Huygens. Wertheimer berichtete – zum Teil mit Einsteins eigenen Worten: Der Denkprozeß, der schließlich in die Relativitätstheorie mündete, »begann auf eine Weise, die nicht sehr klar war und daher schwer zu beschreiben ist – in einem gewissen Zustand der Verwirrung«. Von einer späteren Phase heißt es: »Einstein ... fühlte irgendwo eine Lücke, ohne daß er imstande war, sie zu erklären, ja sie auch nur zu benennen ... Während dieser Zeit war er oft niedergeschlagen, manchmal verzweifelt, aber von den stärksten Impulsen angetrieben«. Eine eigene Äußerung Einsteins über seinen wissenschaftlichen Denkprozeß lautete: »Diese Gedanken kamen nicht in irgendeiner sprachlichen Formulierung ... Ein Gedanke kommt, und ich kann hinterher versuchen, ihn in Worten auszudrücken ... Während all dieser Jahre hatte ich ein Richtungsgefühl, das Gefühl, auf etwas Bestimmtes zuzugehen ... Natürlich ist hinter einer solchen Gerichtetheit immer etwas Logisches;

aber ich habe es in einer Art von Überblick, gewissermaßen sichtbar vor Augen ... Es war ... klar unterscheidbar von ... den späteren Überlegungen über die rationale Form der Lösung«.

Der endgültigen Formulierung der Relativitätstheorie in klaren mathematischen Formeln ging also ein gedanklicher Suchprozeß voraus, der einen völlig anderen Charakter hatte. Er besaß noch keine festlegbare mathematische, logische oder sprachliche Form. Er ähnelte eher dem Spiel der Phantasie* und wurde erst dadurch zum wissenschaftlich bedeutsamen Ereignis, daß er abschließend zu mathematisch, logisch und sprachlich formulierten Ergebnissen führte.

3. Keine Klugheit ohne Phantasie

Wer sich beim Lösen eigener Probleme beobachtet, sei es in seiner Berufsarbeit oder im sonstigen täglichen Leben, der wird bei der Lektüre der vorangehenden beiden Abschnitte den Eindruck gewinnen: In meinem Nachdenken und Planen geschieht eigentlich recht ähnliches: Ist ein Problem zu lösen, zum Beispiel die Vorbereitung einer längeren Reise oder einer Verhandlung, so stellt mir meine Vorstellung eine Denkmöglichkeit nach der anderen vor mein geistiges Auge. Man muß sich etwas einfallen lassen. Die Phantasie ist angesprochen, aber auch der Reichtum der Kenntnisse und der Schatz der Erfahrungen, aus dem die Phantasie ihr Material gewinnen kann. Erst in einem zweiten Akt ist dann das präzise logische Denken gefordert, um aus den von »divergenten Denkprozessen« gelieferten Entwürfen nach strengen Maßstäben das Geeignete auszuwählen.

Es lohnt sich, den ersten Teil der Intelligenzleistung, den »Suchprozeß«, bei sich selbst oder bei anderen genauer zu beobachten.

Gibt man beispielsweise einem Erwachsenen oder einfallsreichen Kind 6 Streichhölzer mit dem Auftrag, daraus 4 Dreiecke zu bilden, wobei sich die Streichhölzer nur an den Enden berühren dürfen, und bittet man den Gefragten, sein Nachdenken mit Worten zu begleiten, so kann man mitunter selbst bei sehr Intelligenten ein langes, fruchtloses Herumprobieren beobachten, bis der richtige Gedanke kommt: die Ebene zu verlassen, eine dreiseitige Pyramide zu bauen und damit die dritte Dimension einzubeziehen (siehe die Zeichnung von Gerolf Steiner auf S. 19).

Zur Lösung dieses Problems braucht man also nicht nur scharfe Logik, sondern zuallererst den richtigen Einfall; denn in der

Aufgabe »4 Dreiecke aus nur 6 Streichhölzern« klingt die Idee, von der Fläche zum Körper überzugehen, nicht an. In dieser Hinsicht ähnelt die Problemlösung übrigens derjenigen von Huygens, die in Abschnitt 1 behandelt wurde.

Außer dem Streichholzproblem lassen sich noch einige weitere Fragen nennen, bei deren Lösung man die »Suchphase« der Problemlösung an sich selbst oder bei anderen leicht beobachten kann:

1. Sehen wir uns im Spiegel, so sind rechts und links, aber nicht oben und unten vertauscht. Wie erklärt sich dieser Unterschied?

2. Wir strecken – stehend – beide Arme waagerecht nach vorn und halten die Handflächen nach unten. Dann bewegen wir die Arme zur Seite, ohne sie dabei zu drehen. Danach lassen wir die Arme nach unten fallen, so daß sie parallel zur Körperachse hängen, und tun auch dies ohne Drehung. Von dort heben wir sie – ebenfalls ohne Drehung – in die Ausgangslage. Jetzt stellen wir fest: Die Handflächen sind gegeneinander gerichtet, nicht wie anfangs nach unten – so als ob wir die Arme gedreht hätten, was wir aber bei keiner der drei Bewegungen getan haben. Wie kommt das?

3. Die Strahlen der Sonne kommen, wie jeder weiß, so gut wie parallel bei uns an. Aber durch ein Wolkenloch hindurchtretend erscheinen sie uns meistens breit gefächert! Wie kommt das?

Auch in diesen drei Fällen klingt die richtige Antwort nicht in der Frage an und ist daher aus ihr nicht »diskursiv*« zu entwickeln: Zur Lösung braucht man also einen *Einfall.* Fast jeder, der die drei Fragen noch nicht kennt, muß kürzere oder längere Zeit seine *Phantasie* anspannen, um auf die richtige Idee zu kommen.

Sie, meine Leser, sollten, falls Ihnen die Antwort nicht sogleich einfällt, mindestens 3 Tage lang nach den richtigen Ideen suchen und während dieser Zeit auch Ihre Gedanken beobachten und registrieren, bevor Sie die Lösung im letzten Textabschnitt dieses Buches (S. 147ff.) bei den Stichworten Spiegelbild*, verborgene Drehungen* und Sonnenstrahlenfächer* nachschlagen! Diese drei Tage sind notwendig, um beobachten zu können und bewußt zu erleben, wie die Gedanken umherschweifen und die richtige Lösung vielfach erst nach längerer Wartezeit, und dann unerwartet, unverhofft und plötzlich auftaucht.

Ist man erst einmal auf die Zweiteilung des Problemlösungsvorgangs in Suchen und Prüfen aufmerksam geworden, so begegnet man ihr immer wieder. Beispielsweise überlegt der Schachspieler jeweils den nächsten Zug, indem er mehrere Möglichkeiten, die ihm nacheinander einfallen müssen, auf ihre möglichen Konsequenzen überprüft. Schachweltmeister Aljechin antwortete auf die Frage, wie weit er vorausberechne: »Unbedingt 4 Züge, selten mehr als 6; in Ausnahmefällen muß man aber auch 10 bis 12 Züge im voraus überblicken können«. Hier besteht also die Suchphase aus lauter beschreibbaren Einzelschritten, ähnlich wie im Programm von Schachcomputern. In vielen anderen Fällen aber bleibt die Suchphase ähnlich unklar, wie bei Einstein beschrieben, und zum Teil sogar unbewußt.

Dies wird im folgenden Abschnitt 4 zur Sprache kommen. Vor allem wird die Natur der Suchprozesse deutlich hervortreten, wenn wir uns vor Augen führen, welche Fehler dabei unterlaufen können (Abschnitte 5 und 15).

4. Die »Erleuchtung«

Hat jemand lange Zeit nach der Lösung eines Problems gesucht, so kann der Augenblick des Findens zum ungewöhnlichen Erlebnis werden. Mitunter prägen sich dann – wie auch in anderen erlebnisträchtigen Augenblicken – manche Nebenumstände ins Gedächtnis ein, die mit dem Problem und seiner Lösung gar nichts zu tun hatten.

Charles Darwin hatte im ersten Entwurf seiner Selektionstheorie noch keine Deutung versucht, woher die Unterschiede zwischen verwandten Arten, obgleich sie dieselben Stammeltern haben, herrühren könnten: »Ich erinnere mich genau an den Ort auf der Straße, an dem ich mich in der Kutsche befand, als mir plötzlich die Lösung einfiel: Sich ausbreitende Formen neigen dazu, sich ... verschiedenen Standorten im Natursystem anzupassen.«

Ein ähnliches Erlebnis beschrieb der Mathematiker Henri Poincaré: »Die Wechselfälle der Reise ließen mich meine mathematischen Arbeiten vergessen. Nach der Ankunft in Constances stiegen wir zu irgendeiner gemeinsamen Fahrt in einen Omnibus. Als ich den Fuß auf das Trittbrett setzte, kam mir, ohne daß meine Gedanken irgendwie darauf vorbereitet waren, die Idee der richtigen Lösung ... Kaum hatten wir im Omnibus Platz genommen, so beteiligte ich mich an der allgemeinen Konversation ... Nach Caën zurückgekehrt, verifizierte ich das Resultat ...«

Der Physiker De Broglie schrieb: »Die großen Entdeckungen waren wie jähe Blitze, die uns mit einem Schlag eine bis dahin ungeahnte Harmonie gewahren ließen.«

Solche Berichte gibt es zu Dutzenden, und zwar nicht nur von den ganz großen Forschern. So schrieb ein junger Mathematiker in der Einleitung eines Berichtes an eine Institution der Forschungsförderung: »... Zur Bewertung dieses Trends braucht man einen theoretischen Erwartungswert ... Die Theorie fiel mir am 30. 3. 70 morgens um 8 Uhr an der Südseite des Münchener Hauptbahnhofs, an der Ostecke neben der Eisenstange eines Verkehrszeichens ein, mit der Aufforderung: Bilde mehrdimensionale Begriffsgitter, prüfe mit $z = 2 \cdot \sqrt{te}$.« (Die Art des Problems und die Bedeutung der Formel sind hier ohne Bedeutung).

Wer den überwältigenden Eindruck der plötzlichen Problemlösung mehrmals erlebt hat, kann versuchen, in ihm Regelhaftes zu finden. So schrieb der Physiologe Erich von Holst: »Ich habe oft versucht, mich selbst beim Lösen irgendeiner technischen Aufgabe ... zu beobachten. Mir scheint, daß die Sache so vor sich geht: Man konzentriert sich auf eine gewisse Ausgangssituation, vergegenwärtigt sich die zu erfüllenden Bedingungen, und wartet nun einfach, indem man diese Ausgangsvorstellungen langsam und angestrengt gleichsam hin- und herbewegt und wendet. Und dann ist plötzlich der Einfall da ...« Eine von Erich von Holst grundverschiedene Forscherpersönlichkeit, Konrad Lorenz, berichtet hinsichtlich des schöpferischen Denkens ganz Ähnliches: »Nach langer unbewußter Anhäufung der Daten tritt eines Tages, oft völlig unerwartet und einer Offenbarung gleich, die gesuchte Problemlösung mit voller Überzeugungskraft zutage.«

Eine zahlreiche Gemeinde von Wissenschaftlern auf der ganzen Erde ist sich darin einig, daß diese Form geistiger Prozesse – wie man sie auch nennen mag – in vielen Fällen das eigentlich fruchtbare Prinzip der intellektuellen Leistung darstellt, sowohl in der Forschung als auch in anderen Bereichen. Das gilt überall, wo geistige Selbständigkeit und wirkliche Intelligenz (nicht nur gutes Gedächtnis) verlangt sind.

Konrad Lorenz* unterstreicht die Verwandtschaft dieser Art des Problemlösens mit der *Gestaltwahrnehmung*. Er schreibt dieser schwer faßbaren Form des produktiven Denkens u. a. folgende Eigenschaften zu:

– nimmt ungeheure Zahl von Einzeldaten auf, registriert unzählige Wechselbeziehungen zwischen ihnen, vermag die diesen Beziehungen innewohnenden Gesetzlichkeiten zu abstrahieren, und zwar auch unvermutete;

– verfügt über außerordentlich schnell aufnehmendes und langzeitiges Gedächtnis;

– hebt relevante Information vom Hintergrund bedeutungsloser Daten ab, sofern die Wahrnehmungen bzw. Gedanken wiederholt werden.

Gern vergleicht Lorenz das Lösen eines Problems mit dem Erkennen einer Gestalt, beispielsweise in einem Vexierbild (Abb. 4): Dieses ist so gestaltet, daß unser Auge zunächst zusammenhanglose Einzelheiten wahrnimmt. Plötzlich aber entdecken

Abb. 4: Vexierbild. Auf den »ersten Blick« fällt den meisten Betrachtern keine Figur auf. Links von der Mitte aber erkennt man, wenn man darauf hingewiesen wird, die Ziffer 5. Hat sich dieses Anschauungsbild erst einmal als »Assoziation« zwischen vier der vierzehn Elemente gebildet, so erscheint die 5 beim erneuten Blick auf das Bild jeweils *sofort* in unserem Bewußtsein. Diese Abbildung veranschaulicht daher nicht nur das Gestaltsehen, sondern auch das Prinzip der Assoziation (aus »Humanbiologie« von Ernst Bauer, mit freundlicher Genehmigung des Cornelsen Verlags, Berlin).

wir darin die eingebettete Gestalt. Wir sagen: »Sie springt uns ins Auge« und unterstreichen damit die Plötzlichkeit des Vorgangs.

Auch Carl Friedrich von Weizsäcker bemerkte in einer Diskussion: »Wahrheit finden ist so etwas wie sehen.« Damit ist ausgesagt: Die geistige Fähigkeit zur Problemlösung kann wie die Gestaltwahrnehmung viele Merkmale gleichzeitig in ihre Kalkulation einbeziehen, anders als schrittweise vollzogenes logisches Folgern. Beide Vorgänge haben das gleiche Ziel und unterstützen einander, sind aber voneinander Verschiedenes.

Damit ist bereits recht viel Bemerkenswertes über die plötzliche Problemlösung ausgesagt. Doch kommt noch etwas weiteres hinzu. M. Pike, ein Biograph Darwins, formulierte es so: »Ideen vom Charakter wissenschaftlicher Entdeckungen können ganz spontan demjenigen einfallen, der bereit ist, sie anzunehmen; sie können die Eingebung sein, die er erhofft hat, und die ihn dann maßlos beglückt.«

Diese Beglückung ähnelt der Befriedigung, ein Kreuzworträtsel gelöst zu haben, ist aber – schon weil in der Regel tausendfach höhere Anstrengungen vorausgegangen sind – viel intensiver. Das Vorgefühl eines solchen Erlebnisses kann als Triebfeder wirken und die Besessenheit und Unbeirrbarkeit hervorbringen, mit der sich manche Wissenschaftler ihren Forschungen hingeben. Daraus folgt für alle, die ihrem Land wissenschaftliche Fortschritte wünschen, daß sie möglichst vielen Schülern und Studenten ähnliche Erlebnisse möglich machen. Wo dies – beispielsweise in Arbeitsgemeinschaften – gelingt, wird es als »zündender Funke« erlebt.

5. Denkfehler

Steht ein Naturwissenschaftler vor einem bemerkenswerten Geschehen und möchte wissen, weiß aber nicht, wie es zustande kommt, dann sucht er gern nach Fehlleistungen des Systems, um aus diesen zu lernen. Springen wir also von Höchstleistungen der Intelligenz zu Fällen, in denen sie versagt! Diese Erörterung enthält Beispiele für Versagen wegen eines nicht ausgeführten Denkprozesses (Beispiel 1 und 2) und Versagen wegen eines fehlgeleiteten Denkprozesses (Beispiel 3 und 4).

Beispiel 1 stammt aus dem Tierreich und ist der Bericht über eine Beobachtung des Zoologen G. B. Schaller*. Eine Löwin hatte ein Gnu erjagt, sättigte sich und lief dann etwa zwei Kilometer weit zu ihren beiden eine Woche alten Jungen. Indessen fraß ein Leopard an der Beute. Die Löwin kam zurück und trug eines der Jungen. Der Leopard stieg auf einen Baum nahe der Beute. Die Löwin setzte das Junge bei der Beute ab und machte Anstalten, auch das zweite zu holen: Sie ging ein paar Schritte, zögerte, kehrte zum Jungen zurück, sah nach oben zum Leopard, ging wieder ein paar Schritte, kehrte wieder zurück usw. Nach halbstündigem (!) Schwanken ging sie fort. Als sie etwa hundert Meter entfernt war, sprang der Leopard herab und packte das Junge, das laut schrie. Die Löwin rannte zurück, der Leopard ließ das Junge fallen, aber es war zu spät. Das Junge war tot.

Die Löwin hatte durch ihr Zögern und das Hinschauen zum Leoparden unzweifelhaft deutlich gemacht, daß sie die Gefahr für ihr Junges bemerkt hatte. Wir können ferner mit Sicherheit unterstellen, daß eines der Ziele ihres Verhaltens darin bestand, das Leben des Jungen nicht aufs Spiel zu setzen; denn sie hatte es hergeholt und damit gezeigt, daß sie sich um sein Wohl kümmerte und daß sie nicht – aus irgendeinem Grund – darauf hinzielte, es seinem Schicksal zu überlassen. In ihrer Vorstellung hätte sich daher vorwegnehmend das folgende Geschehen konstruieren können: Der Leopard wird absteigen und das Junge töten.

Die einzige sinnvolle Konsequenz hätte daraufhin darin bestanden, das Junge nicht allein zu lassen, sondern wieder mitzunehmen. Eine entsprechende Verknüpfung der Vorstellungsinhalte »Junges, Leopard, Gefahr, Junges mitnehmen« gelang der Löwin aber nicht; oder sie gelang ihr zwar, aber das Ergebnis konnte sich nicht gegen die konkurrierende Verhaltenstendenz, das andere Junge zu holen, durchsetzen. Alle Vorstellungselemente, die zur Problemlösung nötig gewesen wären, standen dem »verhaltenssteuernden System« der Löwin jedenfalls zur Verfügung; doch vermochte sie nicht, die notwendigen Schlüsse daraus zu ziehen, und überließ darum das Kind gegen ihre eigene Intention dem sicheren Tode.

Beispiel 2 ist eine typische menschliche »Kurzschlußhandlung«: Kurz bevor geladene Gäste zum Abendessen eintrafen, fühlte die Gastgeberin plötzlich Sodbrennen. Daraufhin meldete sich sogleich der Gedanke »zu viel Magensäure«, und dieser rief die Vorstellung »Alkali ist notwendig« hervor. Daraufhin ergriff sie, ohne nachzudenken, eine vor ihren Augen stehende Kunststoff-Flasche mit einem *alkalischen* Geschirrspülmittel und nahm einen kräftigen Schluck »Whip perfect«. Sekunden später tat sie natürlich alles, um den gefährlichen Stoff wieder loszuwerden.

Die Gastgeberin hatte ihre Wahrnehmung »Sodbrennen« an sich mit ganz richtigen gedanklichen Folgerungsschritten fortgesetzt. Ihr Fehler war nur, daß die Wahrnehmung der Kunststoff-Flasche außer dem Gedanken »Alkali« nicht auch diejenigen Kenntnisse zum Bewußtsein kommen ließ, die das Trinken dieser Flüssigkeit sogleich verboten hätten, zum Beispiel »Geschirrspülmittel, also kein Lebensmittel, vielleicht sogar giftig«. In dieser Hinsicht ähnelt das Beispiel der Löwengeschichte: In beiden Fällen kamen, wenn auch aus ganz verschiedenen Gründen, notwendige Gedankenverbindungen nicht zustande, die die Fehlhandlung verhindert hätten.

Ein *drittes Beispiel* – entnommen aus dem Buch »Denken und Problemlösen« von R. E. Mayer*: Man stelle guten Freunden folgende scheinbar harmlose Rechenaufgabe »Pferdehandel«:

Ich kaufe ein Pferd für	60 Dollar
Ich verkaufe das Pferd wieder für	70 Dollar
Dann kaufe ich das Pferd zurück für	80 Dollar
und verkaufe es wieder für	90 Dollar
Wieviel habe ich daran verdient?	

Die meisten Befragten, falls sie die Falle nicht schon wittern, werden sagen: 10 Dollar. Denn beim ersten Kauf und Verkauf gewinne ich ja 10 Dollar; wenn ich das Pferd dann um 10 Dollar teurer wiederkaufe, verliere ich meinen Gewinn wieder; endgültig beim zweiten Verkauf verdiene ich dann 10 Dollar – und das wäre das Endergebnis. Aber diese Rechnung ist falsch! Der Pferdehändler verdient bei den beiden Geschäften zusammen nicht nur 10, sondern 20 Dollar. Das wird schlagartig klar, wenn man die Aufgabe nur ein klein wenig abändert:

Ich kaufe einen *Rappen* für	60 Dollar
Diesen verkaufe ich wieder für	70 Dollar
Dann kaufe ich einen *Schimmel* für	80 Dollar
und verkaufe diesen für	90 Dollar

Jetzt ist es sonnenklar: Bei beiden Einzelgeschäften wurden je 10 Dollar verdient, und beide Geschäfte hatten nichts miteinander zu tun. Der Irrtum bei der ersten Aufgabe entstand dadurch, daß es beidemal um dasselbe Pferd ging.

Die eben vorgetragene Denkaufgabe vom Pferdehandel ist unter Denkpsychologen als besonders übersichtliches Beispiel dafür bekannt geworden, daß ein Gedächtnisinhalt nicht nur nützen, sondern einer Intelligenzleistung auch im Wege stehen kann – auch wenn am Gedächtnisinhalt an sich gar nichts Unrichtiges oder Falsches daran ist.

Auch in dem *vierten Beispiel* – es stammt von dem amerikanischen Psychologen Tolman – wird die Aufmerksamkeit in eine falsche Richtung gelenkt und dadurch eine Problemlösung erschwert: Zwei Seile, in einiger Entfernung voneinander an der Decke einer Turnhalle hängend, sollen von dem Probanden* zugleich erfaßt werden. Aber wenn er, mit dem Ende des einen Seiles in der Hand, zum anderen hingeht, kommt er nicht nahe genug heran, ohne das erste loszulassen. Zwei Gruppen von Probanden bekamen nun unterschiedliche Hilfsmittel: die einen große *Haken*, die anderen ebenso schwere *Gewichte* – beides leicht an den Seilen zu befestigen. Die Lösung war: Ein Seil wie ein Pendel zum Schwingen zu bringen, so daß man es, während man das andere Seil hielt, im rechten Augenblick ergreifen konnte. Bei den *Gewichten* kamen 75 Prozent der Probanden bald auf die richtige (weil erfolgreiche) Idee, von den anderen aber nur 52 Prozent, weil sie durch den *Haken* immer wieder zu dem fruchtlosen Versuch verführt wurden, mit ihm nach dem zweiten Seil zu angeln.

Es gibt noch andere Gründe für Denkfehler, z. B. die Angst vor gedanklichen Schlußfolgerungen, die eine Situation herbeiführen könnten, der man sich nicht gewachsen fühlt, oder das Gefangensein in bestimmten Lieblingsvorstellungen. Dies wird in den Abschnitten 17 und 18 besprochen werden.

6. Das Wirkungsquant der Intelligenz: die Assoziation

Was brillierte in Huygens' Entdeckung des Saturnringes? Was wirkte unklar und verworren in Einsteins Denken, das am Ende doch so produktiv war? Was fehlte in der Verhaltenssteuerung der Löwin, als sie ihr Junges dem Tode preisgab? Was führte beim »Pferdehandel« zur irreführenden Koppelung zwischen den beiden Geldgeschäften?

Sollte in so unterschiedlichen Intelligenz-Prozessen ein gemeinsames elementares Prinzip walten, so müßte es etwas ganz Abstraktes sein, so abstrakt wie in der Physik die Prinzipien von Ursache und Wirkung oder von der Erhaltung der Energie. Ein solches, in allen Beispielen waltendes Prinzip gibt es. Es ist seit dem Altertum bekannt und trägt heute den Namen *Assoziation*, das heißt Gedankenverbindung: Die Entdeckung des Saturnringes entsprang der neuen *Gedankenverbindung* der flächigen Bilder in Abbildung 2 mit der Vorstellung einer räumlichen Anordnung. Was in Einsteins Denken unklar und verworren schien, bestand in Gedankenverbindungen, die noch kein widerspruchsfreies System bildeten. Was in der Vorstellung der Löwin *fehlte*, war eine (»gedankliche«) Verbindung zwischen den Konzepten ihres Weggehens und der Gefahr für das Junge. Was beim »Pferdehandel« irreführte, war eine Gedankenverbindung zwischen Zeile 2 und Zeile 3, die beim Aufteilen des Vorstellungsbildes »ein Pferd« in einen Schimmel und einen Rappen nicht mehr bestand.

In allen diesen Beispielen spielten also Gedankenverbindungen (Assoziationen) – ihr Entstehen oder ihr Ausbleiben – eine Rolle für die gelungenen oder mißglückten Intelligenzleistungen. Daher ist es für das Verständnis der Intelligenz entscheidend, das Wesen der Assoziation anschaulich werden zu lassen.

Eine lebendige Anschauung dessen, was man unter einer Assoziation versteht, lieferte schon Abbildung 4, Seite 23. Sie bietet, für jeden Betrachter nachzuvollziehen, vor und nach dem Erkennen der Ziffer 5 einen ganz unterschiedlichen Anblick: Zuvor ein Muster aus vierzehn mondsichelartigen Teilfiguren ohne Scheidung zwischen einer herausgehobenen Figur und ihrer Umgebung; nachher eine deutliche Figur, die Ziffer 5, aus vier der vierzehn Teilfiguren. Worin besteht der Übergang vom ersten zum zweiten Wahrnehmungszustand? In der Verknüpfung von vier zuvor isolierten Elementen zu einer neuen Gestalt. Diese bleibt anschließend bestehen: Schauen wir, nachdem wir ein erstes Mal die Ziffer 5 wahrgenommen haben, auf die Abbildung 4, so fällt uns diese Figur stets sofort ins Auge. Nicht in der Außenwelt auf der Druckseite, sondern *in uns* hat sich dabei etwas abgespielt: eine Verknüpfung zwischen vier zugleich wahrgenommenen und danach im Gedächtnis gespeicherten Elementen ist entstanden, eine Assoziation. Abbildung 4 macht uns somit das Prinzip der Assoziation nicht nur gedanklich einsehbar, sondern auch sichtbar.

Weitere Erkenntnisse über das Wesen der Assoziation lassen sich am folgenden Beispiel erklären, am überraschenden Auftauchen einer isolierten Assoziation, wobei sich das Geschehen wie in einem Naturexperiment in Teilschritten vollzog und dadurch mehrere seiner Wesenszüge offenbarte: Eines Tages erzählte mir meine damals im 84. Lebensjahr stehende Mutter: »Als ich heute früh auf die Kopie des Marienreliefs in meinem Zimmer schaute, wollte mir plötzlich der Name des Künstlers, von dem es stammt, nicht einfallen, so sehr ich auch danach suchte. Stunden später – beim Vorbereiten des Mittagessens auf dem Stuhl vor meinem Herd sitzend – hörte ich mich plötzlich sagen: Della Robbia. Ich wunderte mich zunächst, denn im ersten Augenblick begriff ich gar nicht, was dieses Wort bedeuten sollte. Erst ein paar Sekunden später fiel es mir ein: Das ist ja der Name des Bildhauers, den ich heute morgen gesucht hatte!«

An diesem Beispiel wird dreierlei deutlich:

– Es besteht ein Unterschied zwischen dem Bilden einer Assoziation und ihrem Aufrufen. (Die Assoziation zwischen dem Kunstwerk und dem Namen des Künstlers war ja längst vor Jahrzehnten entstanden und seitdem im Gedächtnis gespeichert. Doch ließ sich diese bestehende Verknüpfung an diesem Morgen nicht ins Bewußtsein heben, nicht »aufrufen«.)

– Das bewußte Suchen nach einem Gedächtnisinhalt, der gespeichert ist, aber einem nicht einfallen will, kann sich, nachdem das bewußte Suchen unterbrochen wurde, unbewußt fortsetzen (dies wird in Abschnitt 8 näher erörtert) und auch vom Bewußtsein unbemerkt zum Ergebnis führen, hier zum Auffinden des Künstlernamens.

– Das Finden und damit Wiederbeleben der Assoziation kann, noch bevor das Ergebnis zum Bewußtsein kommt, einen Effekt haben, hier: ein Verhalten auszulösen, nämlich den Namen Della Robbia auszusprechen. Das Aufrufen der Assoziation kann also ein unbewußter Prozeß sein. In dem beschriebenen Beispiel kam er erst auf einem Umweg, nämlich über das Aussprechen des Künstlernamens, zum Bewußtsein.

Diesen drei Aussagen über die Assoziation soll nun noch eine vierte angefügt werden. Sie lautet: Wenn das Gedächtnis eines Menschen zu verschiedenen Zeiten Inhalte gespeichert hat, zwischen denen sich wegen ihrer Ähnlichkeit oder ihrer sonstigen Verwandtschaft Assoziationen bilden könnten, so braucht dies nicht notwendigerweise auch zu geschehen. Vielmehr können zwei oder mehr »assoziationsfähige« Gedächtnisinhalte jahrzehntelang in der Erinnerung eines Menschen gespeichert sein, ohne daß die Assoziation tatsächlich geknüpft wird. Dafür kann jeder Mensch, wenn er sich nur selbst aufmerksam beobachtet, Beispiele finden, etwa wie das folgende aus eigenem Erleben: Als kleines Kind bekam ich als Spielzeug ein *Kaleidoskop** geschenkt und lernte dabei auch seinen Namen. Jahre später lernte ich im Griechischunterricht unter anderen die Vokabeln kalos = schön, eidos = Gestalt und skopein = sehen. Die darin enthaltenen

Wortstämme kamen mir seither immer wieder in den verschiedensten Zusammensetzungen zum Bewußtsein, so in den Wörtern Kalligraphie, Idol und Mikroskop, sowie in zahlreichen lateinischen Namen von Pflanzen und Tieren. Es dauerte aber rund 45 Jahre, bis es mir eines Tages einfiel, das zunächst beziehungslos gelernte Wort »Kaleidoskop« nach den mir bekannten Wortstämmen zu deuten und zu entdecken, daß es, ins Deutsche übersetzt, eigentlich »Schönbildgucker« heißt.

Beide zuletzt beschriebenen Assoziationen – zwischen einem Bildwerk und dem Namen seines Schöpfers sowie zwischen einem Wort und der Bedeutung seiner Bestandteile – stammen aus dem Alltag und lassen sich, wenn man Obacht gibt, in vergleichbarer Form häufig beobachten. Konrad Lorenz aber schrieb diesem alltäglichen Prinzip noch eine viel bedeutendere Rolle zu. Er äußerte sich hierzu mit dem folgenden Satz: »Viele Erkenntnisse entstammen dem plötzlichen Zustandekommen einer neuen Gedankenverbindung.« Er meinte damit vor allem wissenschaftliche Entdeckungen. Überprüft man hierauf die zuvor beschriebenen Intelligenzleistungen, so findet man es bestätigt, so etwa an Darwins Entdeckung der Ursache für die Verschiedenheit verwandter Arten (siehe Seite 21); sie beruhte auf einer neu in ihm aufgetauchten Assoziationskette: Sich ausbreitende Art → unterschiedliche Standorte → unterschiedliche Anpassung → Verschiedenwerden von Tierbevölkerungen gleicher Abstammung.

Auch *Erfindungen* lassen sich stets als Ergebnisse neuer Gedankenverbindungen auffassen: Die Erfindung des Blitzableiters durch Benjamin Franklin entstand aus der Verknüpfung zwischen: erstens der Erfahrung, daß Blitze oft an erhöhten Punkten einschlagen, zweitens dem Wissen, daß es sich beim Blitz um einen elektrischen Vorgang handelt und drittens der Kenntnis, daß Metalldrähte elektrisch leitend sind, ohne sich – wenn sie dick genug sind – bei starken Strömen zu sehr zu erhitzen. Durch die Synthese der drei Gedanken entstand die Idee, einen starken Eisendraht vom tiefen Erdreich bis zum Dachfirst zu legen und über diesen nach oben hinausragen zu lassen.

Das Wort Assoziation verwendet man allgemein – wie in diesem Abschnitt geschehen – in einem Doppelsinn: Man bezeichnet als Assoziation ebenso das Entstehen einer neuen Verbindung zwischen Vorstellungsinhalten wie auch die entstandene neue Verbindung zwischen ihnen, also sowohl einen Vorgang wie auch dessen Ergebnis. Auch in den folgenden Abschnitten wird die Assoziation – in beiderlei Bedeutung – eine Schlüsselrolle spielen.

7. Vom Lernen zur »freien Assoziation«, dem Grundvorgang der Intelligenzleistung

In der Biographie eines später berühmt gewordenen Naturforschers (sein Name tut hier nichts zur Sache) heißt es: »Als Student hat er viel gelernt, aber wenig verstanden.« In diesem Satz steckt mehr, als man ihm auf den ersten Blick ansieht; denn wenn man ihn überhaupt für sinnvoll hält, setzt er voraus, daß Lernen und Verstehen etwas Verschiedenes sind und daß Lernen nicht unbedingt zum Verstehen führt. Worin liegt dann aber eigentlich der Unterschied, also der Schritt vom Lernen zum Verstehen? Diese Frage ist leichter gestellt als beantwortet. In der Antwort verbirgt sich ein entscheidendes Merkmal des Begriffs der Intelligenz.

»Ist sein Wissen nur angelernt, oder hat er es wirklich verstanden?« Dies möchte ein Prüfer durch die Prüfung eines Schülers oder Studenten herausbekommen; denn das bloße »mechanische« Auswendiglernen ist nicht die geistige Leistung, auf die es ankommt. Deshalb stellt der Prüfer nicht nur Wissens-, sondern auch Verständnisfragen. Der Prüfling soll zeigen, ob er sein Wissen auch anwenden kann, zum Beispiel beim Lösen von Problemen. Worin aber liegt der Unterschied zwischen bloßem Lernen und wirklicher Einsicht? Dies kann man sich recht gut klarmachen, wenn man sich zwei Menschen vorstellt mit gleichem Sachwissen, von denen aber der eine nur angelerntes Wissen, der andere jedoch wirkliches Verständnis für den erlernten Wissensstoff besitzt. Der Unterschied besteht darin, daß der erste nur die Gedächtnisinhalte, der andere aber dazu alle Querverbindungen zwischen den Wissensbestandteilen beherrscht (oder sie, wenn nötig, sofort bilden kann). Was wir erwarten, ist einsichtiges Verhalten in neuer Situation.

Läßt sich der Schritt vom bloßen »mechanischen Lernen« zum »Bilden von Querverbindungen« ohne äußeren Anlaß, das heißt ohne neue Informationsaufnahme von außen, auch als Ausbildung von neuen Assoziationen verstehen? Diese Frage ist zu bejahen. Um sich dies klarzumachen, ist es günstig, wenn man auf einfache Modellbeispiele aus dem Tierreich zurückgreift.

Zunächst ein Beispiel für rein mechanisches Lernen: Im Zirkus wird zum Vergnügen der Zuschauer manchmal ein »Zwiegespräch« zwischen einem Menschen und einem Tier, zum Beispiel einem Pony, geführt, in dem das Pony auf verschiedene Fragen des Menschen scheinbar »nein sagt«, indem es den Kopf schüttelt. Natürlich versteht das Tier die Fragen nicht wirklich, sondern sein Partner gibt dem Pony, wenn es kopfschütteln soll, jeweils ein Zeichen, das aber der Zirkusbesucher nicht bemerkt. Auf dieses Zeichen, zum Beispiel eine Handbewegung, mit Kopfschütteln zu reagieren, lernt das Pferdchen zuvor auf folgende Weise: Dann und wann wird mit der Spitze der Gerte sein Ohr gekitzelt, was als angeborenen Reflex »Kopfschütteln« auslöst. (Im Normalfall werden dadurch Insekten, die sich aufs Ohr gesetzt haben, vertrieben.) Jedesmal kurz vor oder zugleich mit dem Kitzeln wird auch das besagte Zeichen gegeben. Durch die Gleichzeitigkeit von Kitzelreiz und Zeichen bildet sich zwischen beiden eine Assoziation: Nach etlichen Wiederholungen reagiert das Tier auch auf das Zeichen allein mit Kopfschütteln; es wird daraufhin sofort mit einem kleinen Leckerbissen belohnt. So bildet sich ein *erfahrungsbedingter Reflex* aus. Auf diese Weise verknüpft sich also das Handzeichen des Menschen mit dem Kopfschüttelreflex des Pferdchens. Obwohl dem Zuschauer vorgespiegelt wird, das Pony könne Deutsch verstehen, handelt es sich hierbei, wie eben beschrieben, um ein Beispiel für Assoziationsbildung (zwischen Handzeichen und Kopfschütteln) durch rein »mechanisches Lernen«.

Nun folgt ein Beispiel für die »spontane«* Bildung einer neuen »Querverbindung« innerhalb dessen, was ein Tier *zuvor* gelernt hatte. »Spontan« heißt hier: ohne äußeren Anlaß, also ohne von außen kommende neue Information. Das Experiment wurde vor Jahrzehnten von dem Tierpsychologen W. Fischel* ersonnen und durchgeführt. Es ist in Abbildung 5 dargestellt.

Fischel hatte eine Ziege gelehrt, vor ihr stehende Kästen zu öffnen, um daraus Futter zu entnehmen. In dem zu schildernden Versuch wurden ihr jedesmal zugleich *zwei* Kästen nebeneinander vorgesetzt. Einer davon (abwechselnd der rechte oder der linke) enthielt jeweils Brot, die Lieblingsspeise des Tieres, der andere ein Häufchen Gerste, die weniger beliebt war. In den ersten Versuchen dieser Art fraß die Ziege jeweils das, was sie im zuerst gewählten Kasten vorfand, sei es Gerste oder Brot, und leerte danach auch den zweiten. Nach einigen Erfahrungen dieser Art änderte die Ziege jedoch ihr Verfahren: Fand sie zufällig im

Abb. 5: Eine Ziege beim Wahlversuch vor zwei gleichen, aber verschieden beköderten Kästen (nach W. Fischel 1936).

erstgeöffneten Kasten das Brot, so fraß sie dieses; fand sie aber Gerste, so ließ sie den Deckel gleich wieder zufallen und wandte sich dem anderen Kasten zu, um dort zuerst ihre Lieblingsspeise Brot zu finden und zu verzehren. Danach kam dann auch die Gerste daran.

Beim Übergang von der alten zur neuen Strategie änderte sich für die Ziege nichts an den Außenbedingungen; die Ursache für den Verhaltenswechsel mußte also in ihrem Inneren liegen: Aufgrund ihrer ersten Erfahrungen verhielt sie sich im zweiten Versuchsabschnitt so, als würde sie, falls sie zuerst die Gerste fand, im anderen Kasten das Brot liegen sehen und sich daraufhin diesem zuwenden. Formal betrachtet war aufgrund des mehrmals wiederholten Zusammenhangs »Gerste im einen, Brot im anderen

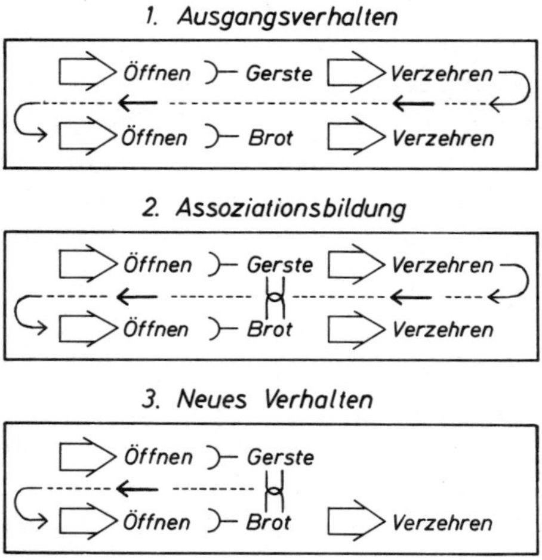

Abb. 6: Schema der freien Assoziationsbildung, dargestellt an W. Fischels Ziegenversuch (Abb. 5). Die Pfeile mit dickem Schaft vor »Öffnen« und »Verzehren« bedeuten »Verhaltenselement«, die Zeichen vor »Gerste« und »Brot« bedeuten »Wahrnehmung«, die einfachen Pfeile und Punktlinien geben die zeitliche Reihenfolge an. Das Verbindungszeichen zwischen »Gerste« und »Brot« im mittleren und im unteren Kasten bedeutet »Assoziation«.

Kasten« eine innere Koppelung, eine Assoziation derart entstanden, daß die Wahrnehmung »Gerste« nun die gespeicherte Information »Brot im anderen Kasten« aufrief (»aktivierte«) und daß die derart aufgerufene Information dann das Verhalten vom bisherigen Verlauf ablenkte und neu ausrichtete. Dies ist in Abbildung 6 schematisch dargestellt.

Die Änderung der Verhaltenssteuerung, die sich in diesem Beispiel beobachten ließ, ist gewiß als Leistung nicht allzu hoch einzuschätzen. Aber sie hat trotzdem den Wert von etwas prinzipiell Neuem, das über das eigentliche Lernen hinausführt: Ohne besonderen äußeren Anlaß bildete sich zwischen zwei Assoziationskettengliedern eine neue Verbindung, und dies führte zu einem bisher noch nicht beobachteten neuen Verhalten: dem Wiederzufallenlassen eines Deckels, ohne den Inhalt des geöffneten Kastens zu verzehren, und dem Öffnen des anderen Kastens. Mit dieser Neubildung einer Verknüpfung ohne unmittelbaren äußeren Anlaß ist der Rubikon* vom eigentlichen Lernen zum *Neuverknüpfen aus innerem Anlaß* überschritten. Zwar mag man zögern, hier schon von einer eigentlichen Intelligenzleistung oder von Einsicht zu sprechen. Aber nach Überschreitung dieser Grenze führt der Weg ohne weiteren Wesensschritt fließend zu einfachen und dann zu immer höheren und höchsten Intelligenzleistungen.

Wer nach der Grenze zwischen bloßem Lernen und der Intelligenz fragt, wird vielleicht über die Geringfügigkeit des Schrittes vom Lernen zum Entstehen einer neuen Assoziation aus innerem Anlaß (»freie Assoziation«) enttäuscht sein. Aber es ist ja auch nicht ausgemacht, daß an der *Grenze* eines Begriffsfeldes sogleich Gegebenheiten auftauchen müssen, die den Begriff in seiner vollen Ausprägung repräsentieren. Geht man beispielsweise von Grautönen allmählich zu bunten Farben über, so erscheint zunächst nur ein ganz *matter* Farbeindruck, und erst im *Zentrum* des Begriffsfeldes finden wir ausgeprägte Farben wie sattes Grün, glühendes Rot, strahlendes Blau oder leuchtendes Gelb. Nicht nur hier, sondern auch in vielen anderen Fällen erweist es sich daher als Fehler, wenn man die beiden Fragen verwechselt: Wo liegt die Grenze eines Begriffs zu einem Nachbarbegriff? Und: Was alles gehört zu einem Begriff im Zentrum des Begriffsfeldes? Wenn ein Kleinkind zum erstenmal zwei oder mehrere Bauklötze zu einem Turm aufeinanderstellt, so führt von dort noch ein schier unermeßlich langer Weg zur Leistung des Baumeisters des Freiburger Münsters. Trotzdem haben wir beim kleinen Kind das allererste »Bauen« vor uns. Der Weg von der Grenze bis zur Vollendung kann noch sehr weit sein. Wer aber speziell nach der Grenze sucht, findet dort womöglich nur einen bescheidenen Schritt.

Christian Morgenstern gab seinem Vierzeiler:

> Erschrocken staunt der Heide Schaf mich an,
> als säh's in mir den ersten Menschenmann.
> Sein Blick steckt an; wir stehen wie im Schlaf;
> mir ist, ich säh' zum ersten Mal ein Schaf

die Überschrift »Geburtsakt der Philosophie«. Vielleicht ist ähnlicher Humor und Hintersinn vom Leser gefordert, wenn er in der geschilderten »Aha«-Reaktion von Fischels Ziege schon das Debut der Intelligenzentwicklung erkennen soll. Um ihm diesen Schritt zu erleichtern, seien zwei weitere Tierbeobachtungen angefügt, in denen freie (also nicht als solche gelernte) Assoziationen im Verhalten erkennbar wurden.

Korrigiertes Versäumnis. In einer der weithin bekannten Untersuchungen Otto Koehlers* über das Zählvermögen verschiedener Tiere hatte eine *Dohle* durch Dressur gelernt, daß sie fünf Mehlwürmer fressen durfte, nachdem sie in einen Versuchskäfig eingelassen wurde. Die Mehlwürmer lagen in bedeckten Schalen. Bei der hier zu beschreibenden Einzelbeobachtung fand die Dohle in der ersten Schale einen, in der zweiten Schale *zwei*, in der dritten Schale *einen* Mehlwurm. Obwohl sie auf die Zahl 5 dressiert war, machte sie sich diesmal schon nach den *vier* Funden auf den Rückweg. Vor dem Ausgang aber stutzte sie, machte kehrt und begab sich noch einmal auf den Weg. Sie näherte sich der Schale 1 und machte eine kurze, unvollkommene Pickbewegung, eine »Verbeugung«; danach ging sie zur Schale 2, machte *zwei* Verbeugungen, dann zur Schale 3 und machte *eine* Verbeugung. Hiernach öffnete sie Schale 4, fand *keinen* Mehlwurm, dann Schale 5 und fand *einen* Mehlwurm. Nachdem sie diesen fünften Mehlwurm verzehrt hatte, verließ sie den Versuchskäfig.

Daß die vier Pickbewegungen in der Folge eins-zwei-eins vor den drei leeren Schalen ein Spiel des Zufalls gewesen sein sollten, ist äußerst unwahrscheinlich. Vielmehr waren die Verbeugungen während des zweiten Ganges ohne Zweifel der Ausdruck von Erinnerungen (Engrammen*) an die unmittelbar vorangegangenen Verhaltensweisen. Das Tier muß gleichsam in seinem Gedächtnis noch einmal 1-2-1 gezählt haben. Das Wichtige in unserem Zusammenhang ist aber die Kehrtwendung zwischen dem ersten und dem zweiten Lauf: Die Dohle war auf einem gewohnten Weg, als sie plötzlich innehielt. Daß sie dann kehrtmachte, um ihren soeben beinahe vollendeten Gang zu wiederholen, hatte keinen äußeren Grund, sondern allein einen inneren: Ein *Engramm* war aktiv geworden, hatte auf den gerade ablaufenden inneren Steuervorgang Einfluß genommen und ein zuvor niemals vorgekommenes, hier aber sinnvolles Verhalten ausgelöst.

Vergleich von Engramm und Wahrnehmung. Gelegentlich kann man aus dem Verhalten eines Tieres erschließen, daß es eine Wahrnehmung mit einem Gedächtnisbild *verglichen* hat: Vor den Augen eines *Rhesusaffen* wurde unter einem umgekehrten Becher eine Banane versteckt, dann aber unbemerkt gegen ein Salatblatt ausgetauscht. Nun wurde der Affe an den Becher gelassen. Er deckte den Becher auf und verhielt sich gegenüber seinem Fund völlig anders, als wenn er das Salatblatt statt der Banane auch *erwartet* hätte. Er nahm es nicht wie sonst ohne weiteres an, sondern gebärdete sich zuerst erstaunt, dann ärgerlich und ließ das Salatblatt liegen. Der Grund für dieses außergewöhnliche Verhalten muß in dem Nicht-Übereinstimmen zwischen der erwarteten Wahrnehmung, hier dem Gedächtnisinhalt »Banane«, und der tatsächlichen Wahrnehmung, dem Salatblatt, gelegen haben.

Auch hier war es also im Inneren des Tieres zu einer freien Assoziation gekommen, und zwar zwischen einer Wahrnehmung und einer (noch ganz frischen) Erinnerung, und dies äußerte sich in dem vom üblichen abweichenden Verhalten.

Mancher Leser mag sich beim vorangegangenen Abschnitt gefragt haben, warum der bedeutsame Schritt zur freien Assoziation und damit zur Intelligenz ausgerechnet am Beispiel von *Tieren* abgehandelt wurde, obwohl die Intelligenz doch beim *Menschen* den Gipfel ihrer Entwicklung erreicht. Die Wahl von Tierbeispielen hatte jedoch ihren guten Grund: Zwar produziert jeder denkende Mensch täglich eine Fülle von Einfällen, also freien Assoziationen, und unter diesen mögen sich auch genügend Fälle für das Auftreten von ganz isolierten einzelnen Verknüpfungen finden, an denen sich das elementare Prinzip der freien Assoziation aufzeigen ließe. Sucht man aber dafür nach wirklich *unbestreitbaren* Beispielen, so findet man sie beim Menschen kaum – nicht, weil sie dort nicht vielleicht tatsächlich unablässig vorkämen, sondern weil man niemals recht weiß, ob dem jeweils ins Auge gefaßten Einfall nicht blitzschnell eine Fülle von Gedanken vorausgegangen ist, die in Wirklichkeit zum Anlaß der ins Bewußtsein getretenen Assoziation wurden. Bei Tieren kann man dagegen, wie gezeigt, aus dem Verhalten viel eher auf wirkliche *Einzelereignisse* der freien Assoziationsbildung schließen, ohne mit einem zuvor entstandenen tiefgestaffelten Assoziationshintergrund rechnen zu müssen (obwohl man strenggenommen natürlich auch Tieren nicht ins Innere schauen und nie mit letzter Gewißheit ein kompliziertes Geschehen ausschließen kann, das uns womöglich die freie Assoziation als Einzelgeschehnis nur vorgaukelt).

8. Unterbewußte Tendenz zum Bilden einer Assoziation

Die zweite der drei Folgerungen aus dem in Abschnitt 6 beschriebenen Schlüsselerlebnis meiner Mutter lautete sinngemäß: Die Vorgänge, die zum Erwachen einer Assoziation führen, brauchen sich nicht im Lichte des Bewußtseins abzuspielen. Sie können – zumindest zum Teil – auch unterbewußt ablaufen. Dies wurde deutlich, weil sich meine Mutter, als sie plötzlich »Della Robbia« sagte, erst besinnen mußte, bis ihr zum Bewußtsein kam, daß sie diesen Namen ja frühmorgens erfolglos gesucht hatte. Das Aktivieren der Assoziation geschah unbewußt, und ihr Auftauchen im Bewußtsein (erst nach dem Aussprechen des Namens) kam erst später.

Einen unterbewußten Anteil der Denktätigkeit beobachtet man im Alltag am ehesten, wenn eine *Tendenz* zu einer Gedankenverbindung besteht, die aber aus irgendeinem Grunde noch nicht zustande gekommen ist. Ein Beispiel: Jemand mußte von einem Tag auf den anderen wegen einer unerwartet aufgetretenen Notwendigkeit in eine entfernte größere Stadt reisen und überlegte, welche Bekannten in dieser wohnten, die er im Falle eines freien Abends besuchen könnte. Ihm fielen drei Namen ein. In der Stadt angekommen, wurde er mit mehreren Menschen neu bekannt gemacht, einer davon war Geograph. Als das Wort »Geograph« fiel, trat augenblicklich der Name eines vierten Freundes, eines Geographen, in sein Bewußtsein, der ihm zuvor nicht eingefallen war, als er im Gedächtnis nach Bekannten in dieser Stadt gesucht hatte. Diese Suche war für ihn, soweit ihm das bewußt war, schon abgeschlossen gewesen. Aber offensichtlich war die innere Tendenz zum Suchen *unbewußt* weiterhin aktiv und hob den vierten

Namen ins Bewußtsein, als das Wort »Geograph« fiel – obwohl dies in einem ganz anderen Zusammenhang geschah. Der Name des vierten Freundes und sein Wohnen in dieser Stadt waren zuvor als Assoziation im Gedächtnis gespeichert gewesen, dazu auch sein Beruf. Beim Fahnden nach Assoziationen zwischen der Stadt und eventuellen Namen war diese Assoziation, obwohl gespeichert, nicht aktiviert worden und nicht zum Bewußtsein gekommen. Der dritte assoziierte Begriff »Geograph« holte dies jedoch nach, ein Zeichen, daß in diesem Moment die Suchtendenz noch unterbewußt aktiv war. Dies aktualisierte die Verknüpfung und ließ sie ins Bewußtsein treten.

Ein unterbewußter Assoziations-Erwartungs-Zustand offenbarte sich auch in folgendem heiteren Beobachtungsbeispiel: Einige Zeit, bevor Freunde zum Besuch eintrafen, legte ein junges Mädchen eine kurze Ruhepause ein, schlug einen Lyrikband auf und las das Gedicht »Der Weiher« von Annette von Droste-Hülshoff:

> Er liegt so still im Morgenlicht,
> so friedlich wie ein fromm' Gewissen:
> wenn Weste seinen Spiegel küssen,
> des Ufers Blume fühlt es nicht ...

Als sie an die Schlußstrophe kam

> ... Stille, stille, er hat sich geregt,
> ein fallend Reis hat ihn bewegt,
> das grad zum Nest der Hänfling trug ...,

fiel ihr beim dritten Wort der zweiten Zeile ein, daß ihr *Reis* schon zu lange auf dem Feuer stand, und sie sprang auf und lief in die Küche.

An diesem Beispiel wird nicht nur die unbewußte »Wartehaltung« und »Aktivierungsbereitschaft« einer Assoziation deutlich, sondern auch, daß die Assoziationsbildung unter Umständen keine *inhaltliche* Verbindung voraussetzt, sondern nur eine Wortübereinstimmung benötigt.

Daß sich neue Assoziationen im Unterbewußten bilden können, hat Goethe in den folgenden Zeilen angedeutet:

All unser redlichstes Bemüh'n
glückt nur im unbewußten Momente ...

Die Beteiligung des Unbewußten an der Intelligenzleistung wurde schon im Abschnitt 4 (Die »Erleuchtung«) angesprochen. Sie kommt in dem wenn auch überspitzten Aperçu* des Ingenieurs Herbert Boehm zum Ausdruck, der sagte: »Im Grunde kann man nicht denken, es fällt einem nur etwas ein.« Besonders lebhaft kommt uns die Beteiligung unbewußter Prozesse zum Bewußtsein, wenn wir zwar etwas kennen oder wissen, es uns aber trotz angestrengter Bemühung nicht einfällt. Falls sich ein Gedächtnisinhalt nicht bewußt und gezielt aufrufen läßt, kann man den unbewußten Prozeß anzuregen versuchen. Ein bildlicher Ausdruck hierfür ist »streifend vorbeidenken«: Wenn man seine Gedanken entspannt im Bereich des gesuchten Gedächtnisinhalts »herumstreifen« läßt, kann plötzlich eine Assoziation aktiviert werden, die das gesuchte Erinnerungsbild ins Bewußtsein hebt. Hiervon spricht der Nobelpreisträger und Neurophysiologe Sir John Eccles, wenn er formuliert: »Ich muß ein ganzes Repertoire von Tricks und Eselsbrücken anwenden, um ›Zutritt‹ zu vielen meiner Engramme zu erhalten! ... Dies ist erforderlich, um sich z. B. lediglich an einen Namen zu erinnern!« Auf den unbewußten Anteil der Intelligenz wollte – in scherzhafter Weise – auch der Industrielle Kurt A. Körber hinweisen, als er gefragt wurde, wie ihm die über 200 Erfindungen in seinem bisherigen Leben gelungen seien: »Da müssen Englein kommen, die flüstern es einem ins Ohr. Die Gedanken müssen einem zufliegen.«

9. Klugheit und Umsicht

Was wäre ein Buch über die Klugheit ohne den Hinweis auf »Die Kluge«, jene herzerfrischende Kurzoper von Carl Orff? In deren Eingangsszene klagt der Bauer, den der König ins Gefängnis geworfen hat: »O hätt' ich meiner Tochter doch geglaubt!« Der Bauer hatte zuvor beim Pflügen ein Gefäß aus purem Gold gefunden, einen Mörser, wie sie die Apotheker benutzen, um mit Hilfe des dazugehörigen »Stößels« größere Brocken zu zerkleinern und zu Pulver zu verreiben. Im Vollgefühl des Glücks über seinen Fund hatte sich der Bauer vorgenommen:

»So bring den Mörser ich dem König,
ist's doch sein Land,
das diesen Schatz verborgen hielt,
ganz sicher wird er's königlich mir lohnen.«

Aber seine Tochter hatte gewarnt:

»... Narr!
Dem König bringst du ihn?
Wer viel hat, der hat nie genug.
Wo ist der Stößel, wird er schrein,
den hältst du mir verborgen, Schuft,
den willst du wohl für dich behalten!
Her mit dem Stößel, Bauer! Gib den Stößel her,
sonst werf' ich dich in meinen Turm.«

Der Bauer aber hatte die Warnung seiner Tochter in den Wind geschlagen, und das Schicksal nahm seinen Lauf, genau wie die Tochter es vorausgesehen hatte. Nun schmachtete der Bauer im

Gefängnis: »O hätt' ich meiner Tochter doch geglaubt!« (Im weiteren Verlauf der Oper muß die Tochter dann noch mehrere Proben ihrer Klugheit bestehen, um ihren Vater schließlich aus dem selbstverschuldeten Elend zu befreien.)

Worin bestand die Klugheit der Tochter? Außer in ihrer besseren Menschenkenntnis – sie wußte, wie Mächtige handeln – vor allem darin: Sie dachte nicht nur an das Offenbare, an den gefundenen Mörser, sondern auch an das Fehlende, nicht Sichtbare, den unauffindbar gebliebenen Stößel. Ihre Gedanken schritten also nicht nur vom Ausgangspunkt geradlinig und folgerichtig in eine bestimmte Richtung, sondern bezogen auch etwas aus dem Umfeld mit ein, was sich dann schließlich sogar als das Ausschlaggebende erweisen sollte. Die Kluge verdiente also ihren Ehrennamen nicht, weil sie konsequent und folgerichtig, sondern weil sie dazu noch umsichtig denken konnte. »Umsicht« heißt mitzudenken, was mit der zu lösenden Frage zu tun hat, aber nicht vor Augen liegt und nicht ausdrücklich angesprochen wurde. Umsichtiges Denken und Handeln vermeidet »unvorhergesehene verhängnisvolle Nebenerscheinungen«. Auch scharfe Denker können schlimme Fehler begehen und scheitern, wenn ihnen die Umsicht fehlt; hier paßt dann das Sprichwort »Allzu scharf schneidet nicht«.

Um einem Menschen umsichtiges Denken und Handeln bescheinigen zu können, muß er mehrere Voraussetzungen erfüllen:

– In ihm muß die Triebfeder, das jeweils anstehende Problem zu lösen, aktiviert sein;

– seinen Sinnen muß das für die Problemlösung Wichtige *auf*fallen;

– was er beobachtet, muß in seinem Gedächtnis haften bleiben;

– zur rechten Zeit müssen ihm die richtigen *Ein*fälle kommen;

– ein lebhaftes, freies, entspanntes Spiel der Gedanken muß stattfinden;

– zuletzt müssen aus allem die richtigen Schlüsse gezogen werden.

Das Vermögen, umsichtig zu denken und zu handeln, beruht dementsprechend auf ganz unterschiedlichen Eigenschaften:

– inneren Triebfedern (Emotionen)
– Beobachtungsgabe, Sensibilität (Wahrnehmungen)
– gutem Gedächtnis (Engrammen*)
– Einfallsreichtum, geistiger Regsamkeit, Phantasie (= lebhafte, freie Assoziationsbildung)
– folgerichtigem Denken.

Diese Eigenschaften können sich gegenseitig nur in geringem Maße ersetzen. Fehlt auch nur eine der genannten Komponenten, so kann dies die gedankliche Leistungsfähigkeit als Ganzes herabsetzen.

Für diese theoretischen Feststellungen folgt nun ein Beispiel. An ihm lassen sich die genannten fünf verschiedenartigen Voraussetzungen für kluge Entscheidungen deutlich machen: In einem biologischen Institut traf ein Telegramm für Dr. K. ein, der aber abwesend und nicht erreichbar war. Ein Kollege, Dr. H., bemerkte das Telegramm. Er öffnete es, obwohl es nicht an ihn gerichtet war. Das war ein Glück; denn das Telegramm enthielt eine Nachricht (eine noch ausstehende Genehmigung), die sofortiges Handeln notwendig machte, um eine geplante Studentenexkursion nach Frankreich, die sonst hätte abgesagt werden müssen, in die Wege zu leiten.

Wie kam Dr. H. dazu, das nicht an ihn gerichtete Telegramm zu öffnen? Die Vorgeschichte zu dieser Entscheidung, aufgeschlüsselt in Einzelschritte, war folgende:

– (Wahrnehmung 1) Er bemerkte das Telegramm und las die Adresse;
– (Assoziation 1) er dachte an die Abwesenheit des Empfängers;
– (Emotion 1) er empfand, hier etwas tun zu sollen, weil ein Telegramm ja in der Regel etwas Wichtiges enthält, was der Empfänger schnellstmöglich wissen soll und muß;
– (Assoziation 2) ihm fiel nun Dr. K.s Beziehung zur geplanten Exkursion ein;

– (Assoziation 3) aber auch das Postgeheimnis, das es verbietet, fremde Post zu öffnen.

Während er daraufhin hin und her schwankte, ob er sich darüber hinwegsetzen dürfe oder vielleicht Dr. K.s Frau anrufen sollte, tauchte unvermittelt in seinem Bewußtsein ein zwar frischer, aber in diesem Augenblick doch schon unsicher gewordener Gedächtnisinhalt (Engramm) in ihm auf:

Hatte er nicht soeben auf der Telegrammadresse »Docteur K.« anstelle des sonst üblichen »Dr. K.« gelesen? (Wahrnehmung 2, die als Engramm im Gedächtnis gespeichert worden war und nun im richtigen Moment als Assoziation 4 im Bewußtsein wieder auftauchte.) Dr. H. vergewisserte sich: Die Adresse lautete tatsächlich »Docteur K.« Jetzt war es klar: Das Telegramm stammte wirklich aus Frankreich und enthielt daher »mit an Sicherheit grenzender Wahrscheinlichkeit« keine Privatnachricht für Dr. K., sondern hatte mit der Exkursion zu tun: Das Telegramm durfte, ja mußte geöffnet werden, um Unannehmlichkeiten und Enttäuschungen, die anderenfalls zu erwarten gewesen wären, zu vermeiden (logische Folgerung).

Die schnell durchgeführte Tat, das Telegramm zu öffnen, hatte also eine mehrstufige Überlegung zum Hintergrund. Dr. H. hätte das Telegramm ja auch liegenlassen können, weil es nicht an ihn gerichtet war. Das wäre folgerichtig gewesen, ja sogar eine unanfechtbare legale Konsequenz; niemand hätte ihn darum tadeln können. Sein Handeln war jedoch umsichtiger: Ihm fielen zur rechten Zeit mehrere zusätzliche Zusammenhänge ein, er machte eine weitere Beobachtung, und dies kombinierte sich in seinen Gedanken so, daß nun die unmittelbar folgerichtige Handlung (Telegramm nicht öffnen) im Gesamtrahmen nicht mehr die beste Lösung war. Dr. H. tat das Gegenteil, öffnete das Telegramm, und dies erwies sich für alle Beteiligten als günstige, Enttäuschungen verhütende Handlung. Hätte man Dr. K.s Rückkehr abgewartet, wäre alles zu spät gewesen.

Nun ist es natürlich nicht die Regel, daß unmittelbar folgerichtiges und umsichtiges Handeln zueinander im Gegensatz stehen.

Daß dies aber, wie gezeigt, möglich ist, beweist: Folgerichtiges Schließen besitzt nicht die alleinige, überragende und richtungsweisende Bedeutung für die Klugheit, die man ihr manchmal zuschreibt. Folgerichtiges Schließen ist unentbehrlich, aber zu umsichtigem Verhalten gehört mehr. Im eben beschriebenen Beispiel waren es die Triebfeder, sich zu engagieren, wo man sich nützlich machen kann, Aufmerksamkeit (Beobachtungen), ferner bestimmte Kenntnisse, gutes Gedächtnis und die sachgerechten Einfälle zur rechten Zeit, also das Bilden von Assoziationen.

Für diese zusätzlichen Anteile der Verhaltenssteuerung besitzt unsere Umgangssprache den schon genannten zusammenfassenden Ausdruck: Umsicht. Umsicht bewährt sich beispielsweise besonders beim Vorbereiten und Durchführen von Reisen, Festen und sonstigen Veranstaltungen aller Art. Hier gibt es wahre Meister der Organisation, die auch unter den schwierigsten Vorbedingungen »an alles denken«. Ihre »produktive Phantasie« stellt ihnen all das vor ihren inneren Sinn, was sich an Unerwartetem ereignen könnte, und sie sind dann später »auf alles vorbereitet«. Das »Organisationstalent« beruht nicht nur auf folgerichtigem Denken, sondern zu einem wesentlichen Teil auf Umsicht. Im allgemeinen Sprachgebrauch gilt die Eigenschaft »umsichtig« sogar mehr als »intelligent«. Umsichtig sein heißt: An alles denken, was von Bedeutung sein könnte.

Die Quintessenz* dessen, was dieser Abschnitt vermitteln sollte, wurde von dem französischen Moralisten Luc C. Marquis de Vauvenargues (1715–1747) in folgenden beiden Sätzen ausgedrückt: »Alle bloß folgerichtigen Geister sind ungerecht, sie überschauen nicht alle Prämissen ... Um gerecht zu sein, bedarf es nicht nur eines geraden, sondern auch eines weiten Geistes.«

10. Klugheit und Wissen

Ob man einem Menschen Klugheit zusprechen kann oder nicht, hängt auch von seinem Wissen und seiner Erfahrung ab. Viel zu wissen, stand hierzulande vor etlichen Jahren vorübergehend nicht in hohem Kurs und wurde als »Lexikonwissen« abgetan. Hinter diesem Ausdruck verbarg sich die Vorstellung, zum Speichern von Wissen seien ja Lehrbücher und das Lexikon da, und dort könne man jederzeit alles Gewünschte nachschlagen. Darum sei auch Auswendiglernen, zum Beispiel von Gedichten und historischen Jahreszahlen, für Kinder eine unfruchtbare Anforderung.

Manche Gründe, um dieser Ansicht zu widersprechen, sind so trivial – mangelnde Verfügbarkeit von Lexika, Zeitaufwand für das Nachschlagen usw. –, daß sie an dieser Stelle gar nicht entfaltet zu werden brauchen. Statt dessen soll ein ungewöhnliches, wenn auch schon länger zurückliegendes Beispiel folgen, das gerade auch im Gespräch mit jungen Menschen überzeugend ist:

Einem Provinz-Flugplatz in Alaska näherte sich ein kleines Privatflugzeug und meldete dem Tower seine Landeabsicht. Die Luft war gleichmäßig dunstig-neblig bis in größere Höhen, und das Flugzeug flog ohne Erdsicht. Auf einmal meldete der Pilot per Sprechfunk, sein Flugzeug sei bei langsam laufendem Motor plötzlich unlenkbar geworden – er verstehe nicht, warum, und wisse sich nicht zu helfen – er könne das Höhen- und Seitenruder betätigen, wie er wolle, das Flugzeug reagiere nicht! Die Kommandantin des Flugplatzes erkannte sofort, worum es ging: Das Flugzeug war, ohne daß der Pilot es gemerkt hatte und wahrnehmen konnte, ins Trudeln geraten. Sie ordnete an, sofort Vollgas zu geben, was das Trudeln beenden würde, dann sofort das Flugzeug abzufangen und durchzustarten. Dies gelang zum Glück gerade noch rechtzeitig, nicht weit über der Erdoberfläche. Wenige Sekunden später, und das Flugzeug wäre auf dem Boden zerschellt.

Für unseren Gedankengang ist es gleichgültig, ob die Flugplatzkommandantin zuvor von einem ähnlichen Fall gehört, ihn im Gedächtnis behalten hatte und die zu ziehende Konsequenz kannte oder ob ihr die hier zusammenwirkenden Gegebenheiten einzeln bewußt waren und sich für sie blitzschnell zu einem Bild zusammenfügten. Diese Gegebenheiten sind folgende: Der Mensch hat – im Unterschied zu manchen Tieren – außer seinen Augen keine Wahrnehmungsorgane für gleichmäßige Drehbewegungen seines Körpers. Ohne Sicht merkt er es daher nicht, wenn er trudelt, sondern er glaubt wie bisher, geradeaus zu fliegen. Daher ist ihm das Nicht-Reagieren des Flugzeugs auf seine Steuermanöver ein Rätsel. Aus dem Trudeln befreit sich ein Flugzeug aber nur durch Vollgasgeben. – Jedenfalls hatte die Kommandantin keine Zeit, ein Lexikon zu befragen. Das Leben des Piloten hing davon ab, daß ihr entweder das äußerst seltene Geschehen aufgrund ihres Vorwissens sofort klar wurde oder daß sie die Botschaft des Piloten durch Teilwissen und dessen sofortiges Anwenden richtig deutete. Nur weil sie die einschlägigen Kenntnisse *im Kopf* hatte und blitzschnell »schaltete« (»kombinierte«), konnte sie den Piloten retten.

Diesem Beispiel für die Notwendigkeit, jederzeit abrufbares Wissen als Material für das Lösen von Problemen zur Verfügung zu haben, lassen sich zahllose Erfahrungen aus dem Berufsleben zur Seite stellen. So kennt jeder Handwerker die Eigenschaften und Bearbeitungsmöglichkeiten für Holzarten, Metalle und Kunststoffsorten. Wer als Ökologe den Erhaltungswert von Feuchtgebieten oder sonstigen Naturlandschaften zu beurteilen hat, erfüllt seine Aufgaben um so besser, je mehr Pflanzen- und Tierarten er bereits an Ort und Stelle im Freiland erkennen kann, ohne auf die langwierige Arbeit der Artbestimmung im Laboratorium angewiesen zu sein.

Den Beispielen für kluges Verhalten aufgrund von *Wissen* sollen nun zwei Beispiele (aus der Biologie) für traurige und ärgerliche Folgen von speziellem *Nichtwissen* folgen, die durch einschlägige Kenntnis hätten vermieden werden können.

1. Wenn Schmetterlinge aus der Puppe schlüpfen, können sie ihre Flügel nur entfalten, wenn sie innerhalb der folgenden halben Stunde auf einen Zweig hinaufklettern und sich an ihm »rückenunten« festklammern können. Dieses Spezialwissen fehlte einem jungen Biologielehrer, als ihm ein Schulkind etwas Ungewöhnliches brachte: die Puppe eines Totenkopf-Falters. Gemeinsam freute man sich auf den faszinierenden Schmetterling, den größten, der in Deutschland vorkommt. Der Lehrer legte diese Puppe auf den ebenen Boden des Terrariums, das leider keine Pflanzen enthielt. Schon in der folgenden Nacht schlüpfte der Schmetterling, fand aber keine Möglichkeit, an der Glaswand nach oben zu klettern, um seine Flügel zu entfalten, und blieb zur tiefsten Enttäuschung der Kinder und des Lehrers ein Krüppel. Ein Quäntchen Spezialwissen hätte die traurige Erfahrung verhütet.

2. An einem der ersten Tage meines Aufenthalts in Brasilien fing ich Insekten, die abends an eine Lampe flogen, und erhielt unversehens einen Stich in den Finger von einer unseren Blattwanzen ähnlichen Raubwanze. Ich erschrak, weil eine Raubwanze als Überträgerin der tödlich verlaufenden Chagas-Krankheit* bekannt ist, ich mir aber die Merkmale dieser gefährlichen Art nicht genau eingeprägt hatte. Mit »Todesverachtung« brachte ich mir daraufhin sogleich mittels zweier kreuzförmig gerichteter Rasierklingen-Schnitte eine stark blutende Wunde am Finger bei, damit das vermeintlich infektiöse Material aus dem Gewebe herausgeschwemmt würde. Wäre ich besser vorbereitet gewesen, so hätte ich das Insekt sogleich als für den Menschen harmlose Raubwanzenart erkannt und mir die schmerzhafte und gefährliche Selbstverletzung sparen können.

Das Ergebnis dieser Erörterungen lautet: Wissen ist nicht gleich Intelligenz; aber es ist eine Voraussetzung für deren Anwendung und Leistung.

Als Zeichen besonders hoher Intelligenz gilt es, wenn einem Menschen Lücken und Widersprüche innerhalb des Wissens und Erfahrungsgutes seiner Zeit auffallen, die von den anderen übersehen wurden. Man spricht auch vom »Erkennen von Problemen«. Solche Lücken und Widersprüche kann man natürlich nur entdecken, wenn man das betreffende Wissensgut im Kopf hat und in ihm möglichst viele gedankliche Querverbindungen kennt. In diesem Gewebe von Assoziationen (»Assoziationshintergrund«) können sich dann die Fehlstellen und Risse offenbaren, die eine Neustrukturierung des Gedankengebäudes notwendig machen oder neue Fragen aufwerfen. Hat jemand dagegen sein Wissensgut nicht im Kopf, sondern nur in seiner Bibliothek, so hat er keine Chance, schöpferisch mit ihm umzugehen.

Das »Neustrukturieren« vorhandenen Wissensgutes setzt nicht nur voraus, daß der Betreffende das Wissen »im Kopf« hat, sondern auch, daß er dessen bisher gelernte innere Querverbindungen und Verknüpfungen zu lockern und in Frage zu stellen vermag; denn nur im Zusammenhang mit dem Auflösen der bisher überlieferten Assoziationen können sich die neuen Gedankenverknüpfungen bilden.

11. Schöpferisches logisches Denken

Weit verbreitet ist die Vorstellung, der Verstand einerseits und schöpferische geistige Fähigkeiten andererseits hätten nichts miteinander zu tun; logisches Denken und »Kreativität« ständen sogar im Gegensatz zueinander. Viele Beispiele aus diesem Buch beweisen das Gegenteil: Es gibt »schöpferisches logisches Denken«. Zu den bekanntesten Beispielen für zugleich schöpferisches und logisches Denken gehört eine bestimmte Begebenheit aus der Kindheit des Mathematikers Carl Friedrich Gauß. Da ich nicht weiß, ob sie heute ebenso allgemein bekannt ist wie zu meiner Jugendzeit, sei sie kurz so geschildert, wie sie in dem Buch »Von der Null zur Unendlichkeit« von Erich Schneider* beschrieben wird:

Als der Lehrer Büttner seine Schulklasse einmal für eine halbe Stunde still beschäftigen wollte, gab er den Kindern die Aufgabe, die Zahlen von 1 bis 100 zusammenzuzählen. Kaum hatte er sich ans Katheder gesetzt, um die Zeit der Ruhe auszunutzen oder auszukosten, da meldete sich schon der kleine Carl Friedrich und gab das Ergebnis an: 5050. Anstatt die Zahlen der Reihe nach zusammenzuzählen, hatte er eine einzige Multiplikation ausgeführt, nämlich 50 x 101 = 5050; und dies war das richtige Ergebnis. Wie kam er darauf?

Den zugrunde liegenden Gedankengang kann man folgendermaßen in Einzelschritte auflösen:

1. Die ursprüngliche Zahlenfolge 1 + 2 + 3 + 4 ... + 97 + 98 + 99 + 100 wird umgeordnet in die neue Zahlenfolge 1 + 100 + 2 + 99 +3 + 98 ... + 48 + 53 + 49 + 52 + 50 + 51 (also zuerst die erste Zahl, dann die letzte, dann die zweite, dann die vorletzte,

dann die dritte, dann die drittletzte usw.). Hiernach stehen wieder alle Zahlen auf dem Papier, nur in anderer Reihenfolge.

2. Innerhalb der neuen Zahlenfolge werden Teilsummen gebildet, und zwar jeweils aus deren ersten beiden Zahlen, dann aus den nächsten beiden und so fort. Man sieht sogleich, daß die entstehenden Teilsummen stets gleich groß sind, nämlich 101.

3. Es wird festgestellt, wie viele Zahlenpaare die Reihe bilden, wie viele Teilsummen also entstehen: 100 Zahlen sind 50 Paare von Zahlen. Mit 50 wird also der Teilsummenwert 101 multipliziert, was 5050 ergibt.

Das Verfahren des kleinen Gauß bestand also aus drei ganz elementaren gedanklichen bzw. mathematischen Operationen: Umordnung, Summation, Multiplikation. Warum ist diese Begebenheit trotzdem so berühmt geworden? Weil der Junge mit dem an sich vorgesehenen bloß *folgerichtigen* Verfahren, eine Summation nach der anderen durchzuführen, nicht zufrieden war und sich ihm nicht unterwarf. Er entdeckte eine Gesetzmäßigkeit, nutzte sie aus und fand das schnelle Verfahren zur Verblüffung des Lehrers und der Schulkameraden sehr bald. (Übrigens kann man an diesem Beispiel erahnen, was Mathematiker meinen, wenn sie von einem »eleganten« Verfahren sprechen.)

Eine verblüffend einfache, aber schwer zu findende Lösung nennt die Alltagssprache »Ei des Columbus«: Columbus soll bei einem ihm gegebenen Ehrenessen die Gäste, die sich rühmten, daß ihnen ebensogut die Entdeckung der Neuen Welt gelungen sein würde, aufgefordert haben, ein Ei aufrecht auf den Tisch zu stellen; als ihnen dies mißlang, habe er das Problem durch Eindrücken des einen Eipols gelöst.

Diese Episode aus dem Leben des Columbus – falls sie sich wie beschrieben zugetragen hat – wird für manche eher als Beispiel für eine »geistreiche« als für eine »schöpferische« Problemlösung gelten. Daher war es für mich bedeutsam, von der Intelligenzleistung eines zehnjährigen Jungen (Bernhard Schühly) zu erfahren, die ich nicht nur als logisch korrekt, sondern ohne Zögern auch als schöpferisch anerkennen konnte:

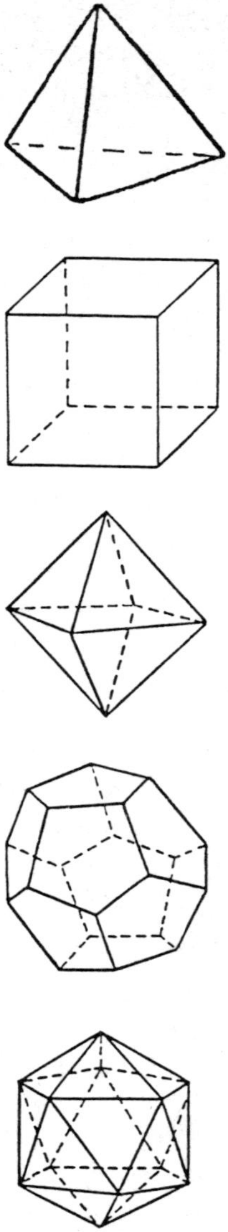

Abb. 7: Die fünf Platonischen Körper.

Ich hatte diesem Jungen ein Modell der regelmäßigen Körper (Polyeder) gezeigt, die von gleichseitigen Flächen begrenzt sind: Tetraeder, Hexaeder (= Würfel), Oktaeder, Dodekaeder und Ikosaeder (Abb. 7). Diese sind als die fünf Platonischen Körper* bekannt. Die älteste Literaturstelle, aus der wir sie kennen, findet sich in Platons Dialog Timaios. Als der Junge nach Hause zurückgekehrt war, eröffnete er seinem Vater, außer den gezeigten fünf gebe es noch einen sechsten platonischen Körper. Der Vater hielt es natürlich für undenkbar, daß die über 2000 Jahre alte, heute allgemein akzeptierte Lehre von den »fünf kosmischen Körpern« (wie man sie auch nennt) unvollständig sein könnte. Doch hatte der Junge recht: ein sechster, den gleichen Kriterien genügender Körper ist eine *unendlich große Kugel*, deren Oberfläche man sich im Grenzfall aus fugenlos aneinander anschließenden ebenen regelmäßigen Sechsecken zusammengesetzt vorstellt.

Die Vorstellung vom »sechsten Platonischen Körper« läßt sich schrittweise entwickeln, wenn man bei einer Kugel beginnt, deren Oberfläche durch ein Liniennetz in sphärische Sechsecke* einge-

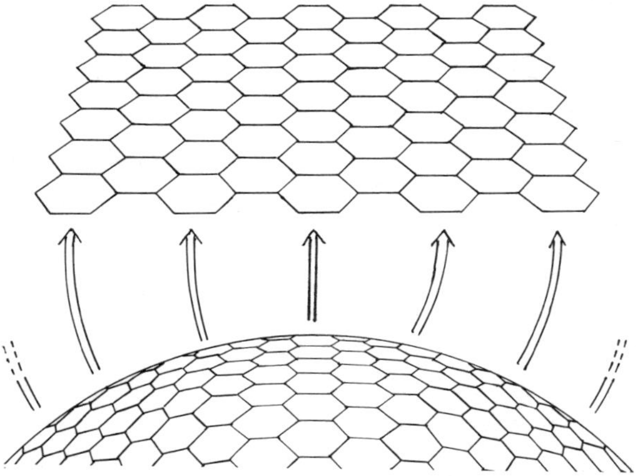

Abb. 8: Schema der Entstehung des »sechsten Platonischen Körpers«. Erklärung im Text. Zeichnung J. Bammert.

teilt ist (wie die Oberfläche eines Insektenauges). Abbildung 8 zeigt die Kalotte* einer solchen Kugel. Man muß sich nun vorstellen, diese Kugel werde zunehmend größer, wobei sich die Krümmung der Oberfläche zwangsläufig vermindert, wie die gebogenen Pfeile der Abbildung 8 andeuten. Der Grenzwert, die Ebene, wird erreicht, wenn die Kugel unendlich groß geworden ist. (Ob eine unendlich große Kugel, deren Oberfläche den Grenzwert der ebenen Fläche erreicht hat, noch als geschlossener Körper, also wirklich als Kugel gelten darf, sei als Frage angesprochen, soll aber hier nicht erörtert werden.) Hiernach entspricht die unendlich große Kugel, wenn deren Oberfläche in regelmäßige Sechsecke (oder auch Drei- oder Vierecke) aufgeteilt ist, tatsächlich der Definition eines Platonischen Körpers: Regelmäßiger Polyeder* aus regelmäßigen, unter sich gleichen Vielecken.

Der Junge hatte die über zwei Jahrtausende alte Lehre der Geometrie mit einer moderneren Idee, der Grenzwertbildung, in Verbindung gebracht. Dies hatte eine ganz und gar unkonventionelle Folgerung hervorgebracht. Ich selbst kannte beide Lehren seit Jahrzehnten, aber sie verkörperten für mich zwei getrennte Welten der Mathematik. Ich hatte niemals daran gedacht, sie zu verknüpfen. Deshalb war mein Staunen über die Idee des Jungen so groß, daß ich ihr den Rang des Schöpferischen zumaß. Vielleicht ist diese Idee aber auch schon früher ausgesprochen worden, ohne daß ich davon erfahren habe.

Beide Beispiele für schöpferische Intelligenzleistungen – die Gaußsche Zahlensumme und der »sechste Platonische Körper« – sind im Ergebnis streng logische Folgerungsschritte. Alle Voraussetzungen, sie durchzuführen, waren und sind allgemein verbreitet. Die Folgerungen wurden aber zumindest vom Lehrer des kleinen Gauß und von vielen oder den meisten Referenten der Platonischen Körper nicht gezogen. Dies bestätigt einen wichtigen allgemeinen Satz: Logische Zusammenhänge *erzwingen es nicht,* daß sie auch gedacht werden – selbst wenn alle Voraussetzungen und Bausteine des logischen Schlusses im Wissensgut eines Menschen enthalten sind.

Wenn ein logischer Zusammenhang besteht, so ist es also nicht selbstverständlich oder gar zwangsläufig, daß er auch gedacht wird. Ungezählte Menschen können an ihm »vorbeidenken«, bis schließlich ein einzelner den Zugang zu ihm findet. Dieses »Zugangfinden« ist, genau betrachtet, stets das Stiften einer neuen Gedankenverbindung. Neu daran ist nicht der logische Zusammenhang, der gewissermaßen unabhängig davon besteht, ob ein denkendes Wesen auf ihn aufmerksam wird. Das Neue ist das *Finden* der Gedankenverbindung, die den logischen Zusammenhang wiedergibt und zu Bewußtsein bringt. Das erstmalige Denken eines logischen Zusammenhangs ist demnach keine bloße Übersetzung oder Ausrechnung nach vorgegebenen Regeln; es ist ein produktiver geistiger Vorgang, der um so eher als schöpferisch (kreativ) gelten kann, je unwahrscheinlicher es war, den Zusammenhang zu entdecken. (Ein Gradmesser dafür kann die Anzahl der Menschen sein, denen der Zusammenhang nicht auffiel, obgleich er ihnen eigentlich vor Augen lag.)

Wenn ein logischer Zusammenhang zwischen A und B nicht nur existiert, sondern auch erstmalig gedacht wird, so heißt das für den Denkprozeß: Die Vergegenwärtigung von A veranlaßt das Auftauchen von B im Bewußtsein. Wenn ein Gedanke einen anderen erweckt, nennen wir das – wie in Abschnitt 6 gesagt – eine Assoziation. Logisches Folgern erweist sich damit als schrittweise ablaufendes Aufrufen von Assoziationen, wenn auch nach den besonderen Regeln der Logik. Das logische Folgern ordnet sich als Sonderform damit in die sonstigen Denkprozesse ein.

Hiernach besteht kein Grund für die Annahme, außer zum Bilden von Assoziationen wären im Gehirn besondere Strukturen und Prozesse für logisches Denken erforderlich, und man müßte für den Menschen spezielle »Isomorphien«* zwischen logischem Denken und Gehirnstrukturen postulieren. Falls es »Isomorphien«, also entsprechende Strukturen, zwischen Denkprozessen und Gehirnstrukturen gäbe, dann wären es solche für das Bilden und das Aufrufen von Assoziationen. Nach diesen wird im Abschnitt 14 gefragt.

12. Praktische Intelligenz und soziale Intelligenz

In mehreren der bisher beschriebenen Beispiele fand die Intelligenz-Tätigkeit dadurch ihren erfolgreichen Abschluß, daß ihr Ergebnis in Worten oder in mathematischen Zeichen ausgedrückt wurde. Der nun folgende Abschnitt befaßt sich mit Formen der Intelligenz, in denen dies nicht zu den unerläßlichen Voraussetzungen gehört: mit der praktischen und der sozialen Intelligenz. Hier bedarf der produktive gedankliche Prozeß nicht unbedingt der sprachlichen, logischen oder mathematischen Form, um das Handeln des Menschen zu steuern und zu gestalten: Im praktischen und im sozialen Bereich entfalten manche Menschen höchste Leistungen der problemlösenden Intelligenz und können doch weder zugleich noch nachträglich sprachlich oder auf sonstige Weise begründen, wie sie auf die problemgerechten Handlungen gekommen sind. Hiermit ist zugleich gesagt, daß Prozesse des Denkens nicht unbedingt an Worte oder an logische Folgerungsschritte gebunden sein müssen. Um dies zu veranschaulichen, folgen zunächst einige Beispiele von geistigen Prozessen, die außerhalb von Sprache und Logik ablaufen. Dabei bleibt es an dieser Stelle unbesprochen, wieweit hier jeweils biologisch bedingte Begabungen oder umweltbedingt ausgebildete Fertigkeiten beteiligt sind.

– *Musikalische Sonderbegabungen.* Der Pianist Artur Rubinstein berichtet: Als er 4 Jahre alt war, nahmen ihn seine Eltern mit in ein Konzert. Nach Hause zurückgekehrt, konnte er alles Gehörte am Klavier aus dem Gedächtnis spielen. Ähnliches wird von zahlreichen Komponisten (z. B. Mozart) und berühmten Interpreten berichtet. – Eine andere Art der musikalischen Begabung ist die des »Improvisierens«: Der Künstler produziert auf seinem Instrument aus dem Stegreif musikalische Kompositionen, die jeweils erst im selben Augenblick in seinem inneren »verhaltenssteuernden System« entstehen. In diesen Schaffensprozeß gehen Gesetzmäßigkeiten ein wie die technischen Voraussetzungen des Instruments, die möglichen Handgriffe sowie die Zusammenhänge zwischen dem Tonaufbau von Akkorden und ihrem Klang. Wir haben geistige Vorgänge vor uns, die weder in sprachliche noch in sonstige theoretische Formulierungen, sondern unmittelbar in Folgen hochdifferenzierter Bewegungen ausmünden.

– *Körpermotorische Gestaltungsfähigkeit.* Unter Lehrerinnen und Lehrern der Gymnastik findet sich manchmal in hoher Ausprägung die Fähigkeit, in lückenloser Folge immer wieder neue körperliche Übungen zu ersinnen, um sie nacheinander von den Schülern ausführen zu lassen. Die Vielfalt möglicher Bewegungen und Bewegungskombinationen des menschlichen Körpers scheint auf den ersten Blick begrenzt zu sein, erweist sich aber unter meisterlicher Anleitung als geradezu unerschöpflich. Für die Lehrkraft gestaltet sich die jeweils neue Übung zunächst in der Vorstellung – gewöhnlich ohne begleitendes »inneres Sprechen« – und wird danach (oder schon gleichzeitig) in eigene Körperbewegungen übersetzt, die nachgeahmt werden können. Dabei wird die Übung gegebenenfalls auch erklärt. In die jeweils produktive Vorstellungstätigkeit gehen Kenntnisse und Erfahrungen über Möglichkeiten von Einzelbewegungen ein, dazu aber auch über Gefahren (etwa daß bei bestimmten Bewegungen Schwindel aufkommen könnte) und sonstige Bedingungen. Der in der Vorstellung ablaufende Entstehungsprozeß der jeweiligen neuen Übungen ist immer dann als produktiv oder sogar als schöpferisch zu bezeichnen, wenn aus bekannten Elementen neue, vielleicht bisher niemals durchgeführte Bewegungskombinationen entstehen. Dabei handelt es sich um produktive geistige Vorgänge, die, ohne daß eine begleitende sprachliche oder theoretische Widerspiegelung notwendig wäre, direkt in das entsprechende Handeln übergehen.

– *Mathematisch-geometrische Sonderbegabung.* Der theoretische Physiker Helmut Hönl* berichtete aus seiner Schulzeit: »Als ich auf dem Heidelberger humanistischen Gymnasium bei einem ausgezeichneten und wohlwollenden Lehrer in den elementargeometrischen Unterricht eingeführt wurde, machte ich zu meinem Erstaunen die Erfahrung, daß mir die geometrischen Sätze und ihre Beweise so selbstverständlich erschienen, daß mir ohne jede Anstrengung die Auflösung von Konstruktionsaufgaben gelang ... Ich hatte den Eindruck, als ob ich mich an schon Bekanntes nur zu ›erinnern‹ brauchte – eine Erlebnisform, die sich ... in anderen Lebensbereichen wiederholt hat. Es ist ... dieselbe Erfahrung, die Platon in seinen Dialogen als Anamnesis, als ›Rückerinnerung‹, ... erregend geschildert hat.«

– *Technisch-konstruktive Sonderbegabung.* Ein aus fernem Ausland stammender hochbegabter Ingenieur hat dem von ihm in der Bundesrepublik begründeten Ingenieurbüro einen angesehenen Platz in seiner Branche verschafft. Als Kind von etwa zehn Jahren hatte er in seinem Heimatland zum erstenmal unter eine geöffnete Motorhaube schauen können und beobachtet, wie sein Vater dort Benzin einfüllte und dann den Motor anließ. Gleich danach beschrieb der Sohn seinem Vater, was nach seiner Vorstellung im Motor vor sich gehen müsse, damit die Verbrennung des Treibstoffs die Kurbelwelle zum *Rotieren* brachte. Der Vater, als Rechtsanwalt Fachmann auf anderen Gebieten, war verblüfft; und da er sich selbst bisher weder informiert noch Gedanken über die Funktionsweise eines Verbrennungsmotors gemacht hatte, fragte er in seiner Autowerkstatt nach. Dort erfuhr er: Der Junge hatte den Funktionszusammenhang im Motor auf Anhieb richtig gedeutet! – Schon Jahre zuvor hatte der Junge seiner Mutter erklärt, wie es eigentlich komme, daß die von ihr täglich benutzte Kaffeemühle durch die *Drehungen* spröde Kaffeebohnen zu feinem Pulver zerrieb.

– *Beobachtungsgabe.* Nachdem in den achtziger Jahren des vorigen Jahrhunderts die ersten Bakterien entdeckt worden waren, suchte man nach den Erregern von Krankheiten um so fieberhafter, je häufiger und schwerer die Krankheiten waren. Besonders lange blieb diese Suche erfolglos bei der Syphilis. 1905 zeigte man dem damals vierunddreißigjährigen (bisher mit diesem Problem nie befaßten) Zoologen Fritz Schaudinn das Präparat aus einem von der Krankheit befallenen Gewebestück unter dem Mikroskop, an dem die bisherigen Betrachter nichts gefunden hatten. Kaum hatte Schaudinn einen Blick in das Mikroskop geworfen, fragte er: »Sind in diesen Präparaten immer so viele Spirochaeten*?« Er hatte damit, obgleich er sich dessen in diesem Augenblick noch nicht bewußt war (wie seine Frage zeigte), den Erreger gefunden. Daß frühere Forscher ihn nicht gesehen hatten, lag an dessen fast vollständiger Durchsichtigkeit. Die Art bekam daher auch den Namen Spirochaeta »pallida«, das heißt die »blasse«. Schaudinn offenbarte mit dieser Entdeckung keine theoretische Begabung (die er auch besaß), sondern – wie auch in seinen sonstigen Forschungen – eine überragende Beobachtungsfähigkeit: Ihm fiel auf, was andere übersahen.

Es gibt, wie diese Beispiele zeigen, geistige Fähigkeiten, die unabhängig von sprachlichen oder theoretischen Befähigungen vorhanden sein oder fehlen können. Man könnte die Reihe der Beispiele leicht weiterführen, beispielsweise für zeichnerisches, tänzerisches, schauspielerisches und erfinderisches Talent. Solche Fähigkeiten treten oft schon bei Kindern hervor. In die Reihe dieser Sonderbegabungen gehören auch die *praktische* und die *soziale* Intelligenz.

Bei der *praktischen Intelligenz* mündet das produktive innere »Kombinieren« unmittelbar in Tun und Lassen des Menschen, ohne zuvor mathematische, logische oder sprachliche Form annehmen zu müssen. Praktische Intelligenz löst manchmal Aufgaben, vor denen auch bewährte Theoretiker ratlos sind, mit spielerischer, mitunter fast geheimnisvoll anmutender Leichtigkeit. Dies geschieht »intuitiv«*, manchmal rein in der Vorstellung, manchmal auch zur Anschauungshilfe begleitet von tastendem Experimentieren und Basteln. Mitunter ist die Lösung sofort zur Stelle, mitunter erst später. Den Abschluß bildet, falls handwerkliche oder organisatorische Geschicklichkeit gefordert und auch verfügbar sind, die praktische Durchführung.

Sichtbare Bekundungen praktischer Intelligenz begegnen jedem, der dafür offene Augen hat, auf Schritt und Tritt – vor allem im Handwerk und in der Industrie. Wie solche sichtbaren Bekundungen aussehen können, zeigt das folgende herausgegriffene Beispiel – absichtlich ein eher alltägliches Geschehen, gedacht auch als Anregung für den Leser, selbst entsprechende Beobachtungen zu machen.

Zwei Ingenieure in mittleren Jahren teilen sich als gleichgestellte Partner innerhalb eines Prüf- und Beratungsdienstes mannigfache Aufgaben, die in einem größeren Land- und Kleinstadtbereich an sie herangetragen werden. Der eine von ihnen übernimmt jedoch eher theoretisch betonte Arbeiten wie Konstruktionen auf dem Reißbrett oder Verhandlungen, in die juristische Probleme hineinspielen; beidem ist sein Kollege weniger gewachsen. Dieser aber erweist sich als überlegen, wenn es um unvermittelt auftretende technisch-organisatorische Probleme geht, die sofortiges Handeln erfordern.

Eines Tages ergab es sich, daß beide Ingenieure zugegen waren, als in eine Baugrube der Beton für den Kellerfußboden des dort zu errichtenden Hauses eingegossen werden sollte. Schon trafen die ersten Beton anliefernden Fahrzeuge ein – da zeigte es sich, daß sie nicht nahe genug an die Baugrube heranfahren konnten. Der – wie er genannt sei – »theoretische« Ingenieur kam zur Ansicht, sich damit abfinden zu müssen, daß die Betonmasse mit Hilfe der verfügbaren Mulde nur am Rande der Kellerfläche eingeleitet werden könne, und schickte sich bereits dazu an, mit der Schubkarre vom Rande aus die Masse über die ganze Fläche zu verteilen. Der »praktische« Ingenieur übersah dagegen sofort, daß dies mit den verfügbaren Kräften gar nicht möglich war, schätzte das gegebene Gefälle ab, besorgte eine zusätzliche Mulde vom zweiten wartenden Wagen, stützte die so verlängerte Leitung mit herumliegenden Bauholz-Bohlen ab und ließ die Betonmasse, wie an sich von vorneherein geplant war, in der Baugruben-*Mitte* einströmen, von wo aus die Verteilung über die gesamte Kellerfläche dann möglich war.

So schlicht dieses Beispiel zu sein scheint, so ist von ihm doch eine wichtige – sogar bildungspolitisch bedeutsame – Grundaussage abzulesen: Was man als »praktische Begabung« bezeichnet, ist keine »Intelligenz geringeren Grades«, sondern eine eigenständige Form der Intelligenz von besonderem Charakter: Der praktisch Begabte verfügt über einen inneren Kombinationsraum, in dem sowohl eine Vielzahl von beobachteten Umständen des Augenblicks als auch Anteile aus dem Reichtum jahrzehntelanger Erfahrungen in gedankliche Beziehungen treten und dabei viele Gedankenverbindungen zugleich knüpfen können, dies aber unter strenger Einhaltung bestimmter Grundsätze, z. B. physikalischer Naturgesetze und unter Einbeziehung fundierter Kenntnisse und Erfahrungen mit Materialeigenschaften. Auf diese Weise bilden sich in der *Vorstellung* mitunter ganze Funktionssysteme, die den *Möglichkeiten der Wirklichkeit* angepaßt sind. Dies kann blitzartig schnell gehen, bedarf aber manchmal auch längerdauernder Vorstellungstätigkeit. Das Ergebnis dieser Intelligenzleistung dient dann als Entwurf – in komplizierten Fällen als »Netzplan« – für die praktische Lösung der entstandenen Aufgabe.

Die hiermit beschriebene Begabung braucht *nicht* das Vermögen einzuschließen, das schöpferische problemlösende innere Geschehen auch niederzuschreiben oder logisch zu formulieren: Bei ein und demselben Menschen kann der Anteil der formal-*theoretischen* Intelligenz geringer, derjenige der *praktischen* Intelligenz dagegen höher sein. Diese Möglichkeit wird nachgewiesen durch eine bemerkenswerte Anzahl von *Sonderschülern,* die sich später im Berufsleben durch ausgeprägte praktische Intelligenz auszeichnen. Die Sonderschule besucht zu haben, ist kein Makel, zeigt aber, daß die Leistungen in theoretischen Fächern (Deutsch, Mathematik) nicht hinreichend waren. Daß praktische Intelligenz unabhängig von formaler Intelligenz bestehen kann, macht möglich, was beispielsweise am 8. Oktober 1985 in der »Schwäbischen Zeitung« zu lesen war:

Stiftung Liebenau ist stolz:
Früherer Sonderschüler zweiter Kammersieger

Das Berufsbildungswerk der Stiftung Liebenau in Ravensburg hat Anlaß zu berechtigter Freude. Ein Auszubildender, der im Sommer seine Gesellenprüfung als Landmaschinenmechaniker mit sehr gutem Erfolg bestanden hatte, wurde beim praktischen Leistungswettbewerb der Kammerjugend 1985 zweiter Kammersieger der Handwerkskammer Ulm. Der Glückwunsch der Handwerkskammer ist für das Berufsbildungswerk eine ganz besondere Auszeichnung. Damit ist bewiesen, daß auch ehemalige Sonderschüler nach intensiver Berufsausbildung zu Höchstleistungen fähig sind, die ihnen oft keiner zutraut.

Ergebnisse des Nachdenkens können also unmittelbar in problemgerechtes Handeln einmünden, ohne daß sie zuvor oder zugleich in Worten oder mathematischen Formeln ausgedrückt worden sind, ja, ein Mensch kann verwickelte Probleme praktisch lösen, ohne überhaupt in der Lage zu sein, sein Tun mit Worten zu beschreiben. Hier sei auch an das Schulmädchen erinnert, das schon eine Meisterin des Kreuzstiches ist, aber bei der Aufgabe versagt, einen Aufsatz darüber zu schreiben. In unserem Bildungswesen kommt man allerdings, so scheint es, immer noch nicht davon los, die sprachliche und theoretische Intelligenz höher als die praktische zu werten, obgleich im Hinblick auf den Beitrag in der Arbeitswelt kein Grund hierfür ersichtlich ist.

Der Deutsche Bildungsrat* beklagte auf S. 163 f. seines »Strukturplanes« (1970) die »traditionelle ... Minderbewertung der ... berufsbezogenen Schullaufbahnen«, die sich beispielsweise darin niederschlägt, daß man die allgemeinbildenden Schulen, die weniger praxisbezogen sind und dafür das Theoretische mehr betonen, als »höhere« Bildungseinrichtungen bezeichnet. Der Bildungsrat bekannte sich demgemäß auch zum Abbau dieser Fehleinschätzung. Hierzu empfahl er jedoch eine »wachsende theoretische Orientierung und Fundierung« der beruflichen Bildung. Sofern jedoch theoretische und praktische Intelligenz, wie zuvor gezeigt, etwas Verschiedenes sind (und nicht nur zwei Ausbildungsgrade derselben Grundanlage), ist es gar nicht gesagt, daß die praktische Intelligenz durch stärkere Theoriebetonung wirklich gefördert wird; es kann sogar das Gegenteil eintreten, die Überforderung des *praktisch* Intelligenten durch Lehrstoffe (Lernstoffe), die gar nicht zu seiner Begabung passen. Aus der Einsicht in die Eigenständigkeit der praktischen Intelligenz folgt daher eine andere bildungspolitische Zielrichtung: Die Sonderart der praktischen Intelligenz anzuerkennen, ihren eigenen Wert herauszustellen, die praktische Intelligenz auf eine *auf sie zugeschnittene* Weise zu fördern und dafür die Vorbedingungen zu schaffen. Hieraus kann dann auch eigenes (nicht von der theoretischen Seite geborgtes) Prestige erwachsen.

Auch die *soziale* Intelligenz ist eine besondere Intelligenzform von hohem Gemeinschaftswert. Sie besteht – ähnlich wie auch die *pädagogische* Intelligenz – in der herausragenden Fähigkeit, sich in andere Menschen hineinzudenken und danach zu handeln, sowie zwischenmenschliches Geschehen zutreffend zu deuten und darauf richtig zu reagieren. »Richtig« heißt hierbei: hilfreich und gerecht unter Berücksichtigung des Wesens und der Würde der beteiligten Mitmenschen. Hier ist unter Umständen ein geistiger Apparat tätig, der eine Fülle gleichzeitig oder in schneller Folge aufgenommener Eindrücke blitzschnell verarbeitet – vielfach, ohne daß sich dies bewußt nachvollziehen ließe – und daraufhin treffsichere Entscheidungen liefert. Hier seien zwei Beispiele skizziert, ein unscheinbares und ein hochdifferenziertes:

– Ein achtjähriges Mädchen paßte, anders als ihre Klassenkameradinnen, auf ihrer Geburtstagsfeier von sich aus auf, ob an den Spielen auch alle Kinder beteiligt waren.

– Eine Pflegemutter hatte ein dreieinhalbjähriges Heimkind in ihre Familie aufgenommen, das in seiner körperlichen und geistigen Entwicklung weit zurückgeblieben war und noch nicht sprechen konnte. Im Heim hatte das Mädchen als völlig »sauber« gegolten. Eines Tages stand das Kind angstvoll in der hintersten Ecke seines Bettchens und schrie in panischer Angst auf, als die Pflegemutter ins Zimmer trat. Der Grund: Erstmalig war das Bett naß. Ohne sich besinnen zu müssen, nahm die Pflegemutter das Kind in den Arm: »Wie fein, daß du das Bettchen naß gemacht hast ...« Eine Nachfrage beim früheren Heim bestätigte den Argwohn: Bettnässen war dort mit Schlägen bestraft worden. Die Pflegemutter badete das Kind und legte es in neue Bettwäsche: »Das darfst du jetzt immer wieder naß machen.« Sie hatte die seelische Situation des Kindes intuitiv, also ohne zuvor nachzudenken, richtig eingeschätzt und etwas Ungewöhnliches getan, das aber das hier allein Richtige war: Das Bettnässen zunächst zu *unterstützen*. Nach etwa 14 Tagen verlor sich dieses ohne weiteres Zutun von selbst.

Es gibt mehrere Befähigungen auf verschiedenen Gebieten, die mit der »sozialen Intelligenz« verwandt sind:

– Der »klinische Blick«: die Fähigkeit mancher Ärzte, aus dem Aussehen eines Patienten und einfachen Untersuchungen dessen Erkrankung zu erkennen, auch wenn es sich um seltene Leiden handelt.

– Die »Palpation«: Ertasten von Verspannungen, Elastizität des Gewebes, Verschiebbarkeit, Druckempfindlichkeit usw. am menschlichen Körper zur Diagnose von Erkrankungen.

13. Durch Wissen wächst der Durst nach Wissen

Manche Kinder lassen in ihrer Vorstellung ganze Welten von Gestalten und Geschehnissen entstehen. Zwei Beispiele in Stichworten: Bei einem Jungen war der Mond eine Phantasiewelt mit Staaten, Helden, Ritterheeren und Kriegen, bei einem anderen ein »Affenplanet«. Solche Vorstellungswelten machen den Eindruck, sie könnten inhaltsreicher sein als die Außeneindrücke des Kindes in der realen Welt. Formal entsteht diese Vielfalt dadurch, daß jeweils ein Vorstellungsbild ein nächstes erzeugt oder mit einem anderen in Verbindung tritt, was wiederum neue Bilder hervorruft usw. – Ähnliches berichten Gefangene, die von der Außenwelt abgeschnitten waren: Um geistig nicht zu erlahmen, bauten sie in Gedanken ein Haus, sie dichteten oder sie spielten mit sich selbst Schach. Diese Beispiele bestätigen einen Gedanken, der in einer (brieflichen) Formulierung des Biologen Peter Kunze lautet: »Intelligenz ist etwas, was mit sich selbst umgeht, nicht von außen in Gang gesetzt werden muß und auch, um sich fortzusetzen, nicht des Umsetzens in Verhalten bedarf.«

Der Gedankenreichtum und die Vitalität des geistigen Geschehens sind nun, wie jeder weiß, von Mensch zu Mensch außerordentlich verschieden. Das liegt zum Teil an der *Freude,* die sich bei manchen Menschen beim Gewahrwerden von Zusammenhängen einstellt (siehe Abschnitt 4): »An allem, wovon man etwas versteht, hat man viel mehr Freude« (H. Westphal). Ein junges Mädchen hatte in der Schule das Fach Mathematik besonders gern gehabt. Als über Siebzigjährige bekam sie eines Tages einen programmierten Schul-Lehrgang der Mathematik in die Hand. Sie konnte sich bis tief in die Nacht nicht von ihm losreißen und beschrieb ihr Erleben am folgenden Morgen mit den Worten: »Jetzt weiß ich, was eine Sucht ist.« Auch Künstler wissen davon zu berichten, daß der Schaffensprozeß – formal ein Strom von Assoziationen und Einfällen – ein rauschhaftes Erlebnis sein kann.

Was Freude macht, drängt auch zur *Wiederholung.* Anders ausgedrückt: »Alle Lust will Ewigkeit« (Nietzsche). So erzeugt auch Nachdenken, je mehr erlebnisbetonte geistige Ereignisse es mit sich bringt, um so mehr Impulse, sich fortzusetzen. Als der schon erwähnte Industrielle Kurt A. Körber nach den treibenden Kräften seiner unermüdlichen lebenslangen Aktivität gefragt wurde, antwortete er: »Nicht Ehrgeiz und nicht Gewinnsucht, sondern schöpferische Unruhe; ich knacke gern Nüsse.« Er fügte hinzu: »Ich habe vom Herrgott die Gabe mitbekommen, andere zu motivieren.«

Das Hochgefühl beim Lösen von Problemen ist zwar nicht die einzige Triebfeder für geistige Tätigkeit. Es ist aber für eine eigentümliche Eigenschaft der Intelligenz zumindest mitverantwortlich: Je häufiger gedankliche Entdeckungen gelingen, desto mehr steigert sich in der Regel auch der Drang nach solchen Erlebnissen und damit die Triebfeder zu weiterer und womöglich noch größerer geistiger Aktivität. Das ähnelt zumindest äußerlich einer Erscheinung beim Sport, wenn dort auch andere Beweggründe mitwirken: Je mehr sich die Leistungen denen eines Spitzensportlers nähern, desto unermüdlicher wird aus eigenem Antrieb trainiert, um noch weiter zu kommen. Hier waltet das Prinzip der »positiven Rückwirkung«: Je höher der schon erreichte Wert, desto größer wird der Einsatz, um ihn noch weiter zu steigern. Dies hat mehrere bedeutsame, wenn auch ganz unterschiedliche Konsequenzen:

– Bei sehr hoher geistiger Leistungsfähigkeit werden Schüler oder Studenten plötzlich auf ihrem Interessengebiet weitgehend unabhängig von ihren Lehrern oder Professoren, weil dann die Beweggründe zum Lernen und Forschen zunehmend in ihnen selbst liegen.

– Einzelne Spitzenkönner unter den Schülern und Studenten (auch »Überflieger« genannt) sind daraufhin dem »Hauptfeld« aller übrigen Schüler und Studenten, unter Umständen aber auch ihren Lehrern und Professoren »haushoch« überlegen (»als kämen sie von einem anderen Stern«).

– Epochemachende Entdeckungen verteilen sich nicht gleichmäßig auf viele Forscher: Immer wieder häufen sich bei einzelnen herausragenden Gelehrten überdurchschnittlich viele Forschungserfolge. Beispielsweise machte der große tschechische Biologe J. E. Purkinje (1787–1869) drei ganz verschiedene Entdeckungen, die noch heute seinen Namen tragen: Purkinje-Phänomen (Verschiebung des Helligkeitsmaximums beim Übergang vom Tages- zum Dämmerungssehen vom Gelb zum Grün), Purkinje-Zellen* des Kleinhirns, Purkinje-Fasern* des Herzens; und der Zoologe Karl von Frisch (1886–1982, Nobelpreis 1973) entdeckte bei Fischen das Hörvermögen und »Schreckstoffe«*, bei der Honigbiene den Geruchssinn, die Farbenunterscheidung, das Sehen polarisierten Lichts sowie die Tänze und deren biologische Bedeutung. Der Name von C. F. Gauß wurde, wie man beispielsweise aus Band 9 von Meyer's Enzyklopädischem Lexikon entnehmen kann, zum Bestandteil von mindestens 22 physikalischen und mathematischen Fachausdrücken für Tatsachen und Konzepte, die er entdeckt, erfunden oder zu deren Erforschung er maßgeblich beigetragen hatte (siehe z. B. die Gaußverteilung in Abschnitt 24).

– Da man die Meßwerte der Intelligenz, wie später beschrieben wird (Abschnitt 24), auf eine *statistisch* definierte Skala projiziert, bildet diese Skala die *Rangfolge* der Meßdaten ab (»Ordinalskala«). Erfolgt nun, wie oben beschrieben, von bestimmten Intelligenzgraden an aufwärts eine positive Rückwirkung, so bleibt dies für die statistisch definierte Intelligenz-Maßskala (wie für jede andere Rangskala) ohne Auswirkung. Daher ist die auf die Normalverteilung geeichte Intelligenz-Skala, sofern die beschriebene positive Rückwirkung vorhanden und in ihrer Auswirkung meßbar ist, im Vergleich zu den *tatsächlichen* Unterschieden der intellektuellen Leistungsfähigkeit um so mehr »gestaucht«, je höher die Leistung ist (kein »linearer Zusammenhang*«!).

– Betrachtet man die Schulen und Hochschulen als Teile der wirksamen Umwelt für die Entwicklung der Intelligenz, so besteht zwischen Umwelt und Leistung keine einheitliche Beziehung, sondern bei höherer intellektueller Leistungsfähigkeit wird die Leistung immer unabhängiger von diesen Umweltbedingungen, indem sie, wie beschrieben, neue Anregung aus sich selbst schöpft: Eigener Antrieb erschließt solche Erfahrungs- und Informationsquellen (z. B. Bibliotheken, Vorträge, Lehrgänge), die an sich für jedermann verfügbar wären, aber nur bei aktivem Interesse genutzt werden. Die Intelligenzentwicklung wird bei höherer Leistungsfähigkeit autonomer*. Deswegen hat man eine »gebrochene« (inhomogene) Beziehung zwischen Umwelt und Anlage zu erwarten, bei geringerer Intelligenz eine andere als bei sehr hoher: Das gleiche Ausmaß an Förderung und Möglichkeiten verschiedener Art wird je nach Begabungsrichtung mehr oder weniger gewinnbringend angenommen, verarbeitet und angewandt.

14. Wechselseitige bedingte Verknüpfung: ein Modell der Assoziation

Wie ein roter Faden zog sich durch mehrere bisherige Abschnitte des Buches der Begriff der *Assoziation.* Im Zuge der beschriebenen Intelligenzleistungen spielte immer wieder sowohl das Verbinden bisher nicht verknüpfter Vorstellungsinhalte eine Rolle, als auch – nachdem eine solche Verknüpfung entstanden war – das Aufrufen eines Gedankenbildes durch ein anderes, zuvor mit ihm verknüpftes. Nun läge es nahe zu fragen, was sich als Grundlage dieses Geschehens im menschlichen Gehirn abspielt. Aber das wissen wir noch nicht. Darum fragen wir lediglich: Was *könnte* im Gehirn bei der Bildung und beim Aufrufen von Assoziationen vor sich gehen? Gesucht wird also eine *Modellvorstellung,* vielleicht sogar eine abstrakte Formulierung des zugrunde liegenden Funktionsprinzips. Eine solche Modellvorstellung ist von dem Nachrichteningenieur und Biologen G. Willwacher* entwickelt und sorgfältig mit Hilfe des Computers untersucht worden:

Man stelle sich zunächst ein Zeichenblatt vor, auf das man eine Figur setzen kann, beispielsweise den Buchstaben A (Abb. 9). Dann zerlege man in Gedanken diese Figur in einzelne Punkte, deren Anordnung die Form des jeweiligen Buchstabens wiedergibt – also ein A aus Punkten zusammengesetzt. Nun denke man sich jeden Ort auf dem Zeichenblatt, der einen Musterpunkt aufnehmen könnte, als Empfänger von Licht (Sinneszelle, Photoelement), von dem aus eine signalleitende Faser in die Tiefe zieht. Wenn jetzt bestimmte Punkte, etwa die das A zusammensetzenden, gleichzeitig Signale in die Tiefe absenden, so ergibt sich in jedem Querschnitt des Leitungsbündels ein Signalmuster »A«,

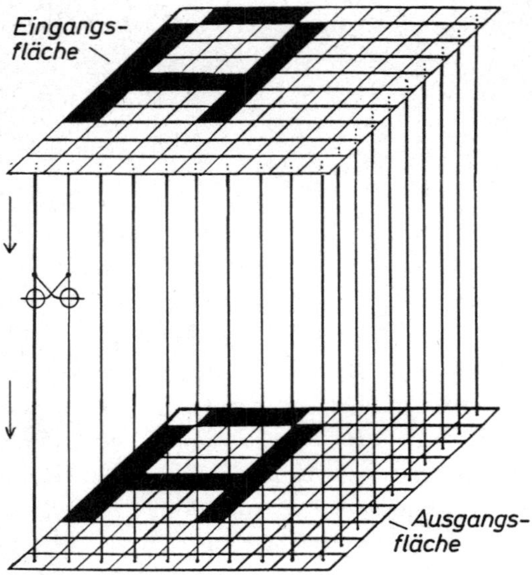

Abb. 9: Modellsystem für Assoziationsbildung. Jedes der 100 Quadrate der oberen Teilfläche ist durch eine signalleitende Bahn mit der entsprechenden unteren Teilfläche verbunden (nur 19 dieser Bahnen sind eingezeichnet). Zwischen zwei dieser Bahnen ist eine wechselseitige Verknüpfung nach Abb. 10c angedeutet, wie sie zwischen *sämtlichen* Bahnen vorzustellen ist.

das in die Tiefe übertragen wird und sich dabei topologisch* gleichbleibt.

Jetzt kommt das Entscheidende: die *Speicherung* des Musters »A«. Man ziehe in Gedanken von jeder Leitung, die von einem Punkt des Buchstabens A ausgeht und Signale von dorther überträgt, je eine signalleitende Querverbindung (Abb. 10b) zu allen Leitungen, die auch einen Punkt der Figur A repräsentieren und von dort Signale weiterleiten. Das soll von jedem Punkt des A zu jedem anderen Punkt des A hin erfolgen. Im Endergebnis ist also in der Höhe der Querleitungen jeder Punkt des A *wechselseitig* mit jedem anderen Punkt des A verknüpft.

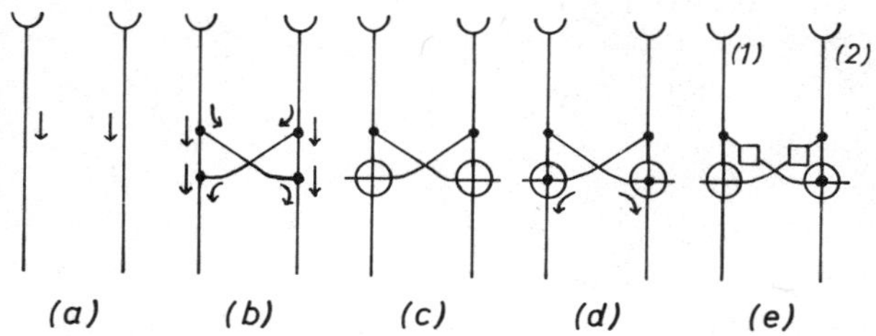

Abb. 10: a) Zwei parallele signalleitende Bahnen, beginnend mit je einem lichtempfindlichen Element; b) wechselseitige Verknüpfung durch laterale Abzweigungen; c) wechselseitige signalleitende Bahnen zu Elementen (eingekreist), die leitend werden, wenn sie einmal gleichzeitig von beiden Seiten Signale erhalten haben; d) nachdem dies geschehen ist: wechselseitige bedingte Verknüpfung; e) Einfügung von Verzögerungsgliedern (quadratische Kästchen) in die lateralen Querverbindungen; nachdem zwei Reize in der Zeitfolge (1) . . . (2) eingetroffen sind, konnte sich nur die *rechte* bedingte Verknüpfung bilden.

Dadurch ist der Buchstabe A durch Verknüpfungen zwischen allen seinen Einzelpunkten »gespeichert«, und zwar nach dem Prinzip der wechselseitigen (punktuellen) Verknüpfung. Da diese Verknüpfungen, wie gleich noch beschrieben werden wird, auch durch einen Lernprozeß entstehen können, erhielt das Funktionsprinzip den Namen »wechselseitige *bedingte** Verknüpfung«.

Man kann nun auf ein und demselben Feld mit den dazugehörigen Leitungen nicht nur eine, sondern mehrere Figuren, z. B.

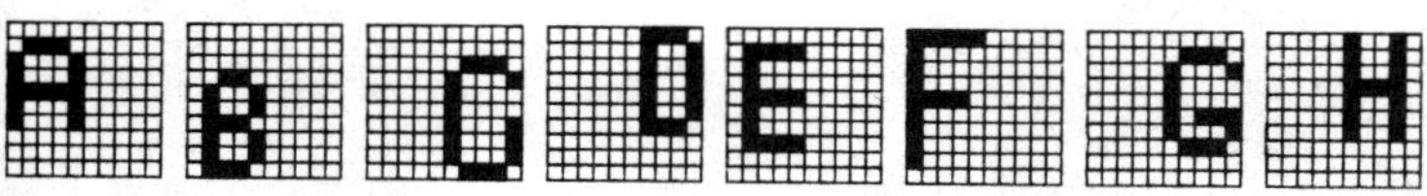

Abb. 11: Das Alphabet bis zum Buchstaben H, nach dem Prinzip der wechselseitigen bedingten Verknüpfung gespeichert. Jeder Buchstabe besteht aus 16 Punkten. Einige Punkte sind mehreren Buchstaben gemeinsam, zum Beispiel 8 Punkte bei A und F (nach G. Willwacher).

Buchstaben, nach demselben Prinzip speichern, auch wenn sie sich überschneiden und einige Punkte gemeinsam haben (Abb. 11).

1. Simultan-Assoziation. Nun folgt die Darstellung einer ersten Leistung des beschriebenen Systems. Diese Leistung lautet: Vervollständigung des gespeicherten Musters bei unvollständiger Eingabe. Die Buchstaben von A bis H seien, wie gezeigt, nach dem Prinzip der wechselseitigen bedingten Verknüpfung gespeichert. Jetzt aktiviert man im Eingangsfeld nicht alle Punkte, die den Buchstaben bilden, sondern nur einige davon, zum Beispiel nur den Querstrich des A mit Ansätzen der senkrechten Striche (Abb. 12, obere Zeile links). Was erscheint daraufhin am Ausgang des Systems? Natürlich das vollständige A (Abb. 12, untere Zeile); denn alle von den nicht aktivierten Musterpunkten kommenden Leitungen erhalten Signale durch die Querverbindungen. Die beschriebene Art der Speicherung hat also zur Folge, daß auch bei unvollständiger Eingabe das komplette eingespeicherte Muster am Ausgang erscheint (siehe Abb. 12, untere Zeile). Man

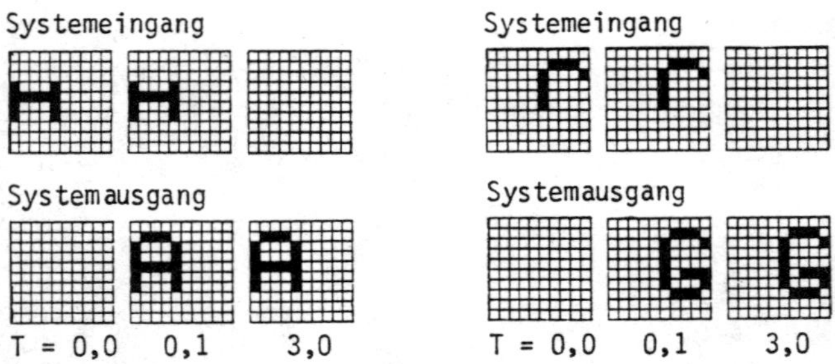

Abb. 12: Nachdem die Buchstaben von A bis H im Computer gespeichert waren (siehe Abb. 11), wurden die Muster »A« bzw. »G« *unvollständig* eingegeben. Am Ausgang erschienen trotzdem – wegen der vorherigen Speicherung durch wechselseitige bedingte Verknüpfung – sogleich die *vollständigen* Muster (nach G. Willwacher).

nennt dies Simultan-Assoziation, weil das System bei der Eingabe eines Teilmusters *sofort* die fehlenden Teile assoziiert (= mit aufruft).

Das System enthält zusätzlich eine (in Abb. 9 und 10 nicht eingezeichnete) Schaltung zum Unterbinden der gleichzeitigen Aktivierung zweier Muster: Das jeweils zuerst entstehende Muster entzieht dem Gesamtsystem gleichsam das Potential, das für die gleichzeitige Aktivierung eines zweiten Musters nötig wäre. Deshalb wird die Funktion des Systems nicht gestört, falls verschiedene Muster einige gemeinsame Elemente haben.

2. *Speichervorgang durch einen Lernprozeß.* Bisher blieb offen, auf welche Weise im Modell die Querverknüpfungen *entstehen,* die jedes Musterelement mit jedem anderen verbinden. Für die Modellkonstruktion wird darum die Aufgabe gestellt: Das *Eingeben des Musters* soll dazu führen, daß das Muster gespeichert wird, das heißt, daß sich genau diejenigen Querverbindungen bilden, die jedes Musterelement mit jedem anderen verknüpfen. Hierzu müssen querlaufende Leitungen im voraus vorhanden sein, und zwar zwischen allen senkrechten Parallelbahnen. An den Berührungsstellen gilt dann folgendes (es ist gedanklich einfach, wenn auch in der Realisierung anspruchsvoll):

Die in Abbildung 10c mit einem kleinen Kreis umgebenen Systemelemente haben die Eigenschaft, die dort zusammengeführten Signalleitungen bleibend zu verknüpfen, falls einmal Signale *gleichzeitig von beiden Seiten* eintreffen. Dadurch werden dann die Verbindungsstellen signalleitend (Abb. 10d). Zwei solche signalleitende Übergänge entstehen immer dann, wenn in der Eingangsebene zwei Musterpunkte zugleich aktiviert werden. (Werden mehr Musterpunkte zugleich aktiviert, so entstehen entsprechend mehr signalleitende Übergänge.) Hiermit ist formal und abstrakt ein *Lernprozeß* beschrieben, d. h. eine bleibende Strukturänderung durch eine vorübergehende Signalkonstellation. Lassen sich viele signalleitende Bahnen auf diese Weise miteinander verknüpfen, so hat man ein »lernendes Netzwerk«

vor sich. Da in diesem Netzwerk gleichzeitig Empfangenes miteinander verknüpft wird, ist nicht nur der Aufruf-Prozeß (siehe Punkt 1), sondern auch der Lernprozeß als »Simultan-Assoziation« zu bezeichnen.

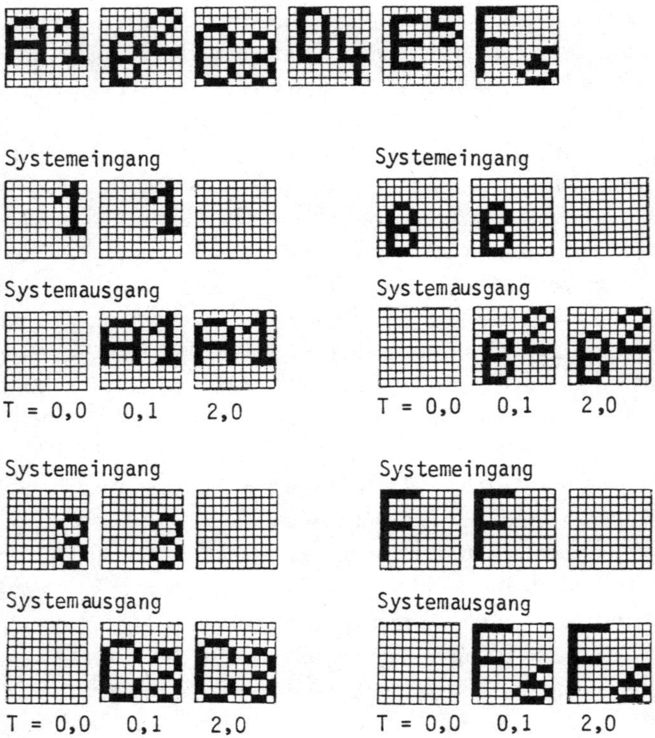

Abb. 13: Oberste Zeile: Jedem Buchstaben (16 Punkte) wird eine Ziffer (aus 11 und 12 Punkten) simultan assoziiert. Übrige Zeilen: Jetzt ist die Eingabe nur der Ziffer oder nur des Buchstabens gleich der Eingabe eines »Teilmusters« nach Abbildung 12 mit der Konsequenz, daß jeweils auch der andere Teil der Gesamtassoziation am Modellausgang erscheint (nach G. Willwacher).

3. Assoziation zwischen zwei Mustern. Jetzt stellen wir das beschriebene »lernende Netzwerk« vor eine weitere Aufgabe: Wir geben gleichzeitig zwei Muster ein, zum Beispiel den Buchstaben A und die Ziffer 1. Nach dem beschriebenen Koppelungsprinzip verknüpft sich jetzt nicht nur jeder Musterpunkt des A mit jedem anderen Musterpunkt des A (und jeder Musterpunkt der 1 mit jedem anderen Musterpunkt der 1), sondern wegen der Gleichzeitigkeit beider Eingangsmuster auch jeder Musterpunkt des A mit jedem Musterpunkt der 1. Das hat zur Folge: Wird A aktiviert, so erscheint am Ausgang sowohl A wie 1; wird die 1 aktiviert, so geschieht das gleiche. Man kann also auf die beiden Muster A und 1 die Formulierung anwenden: A und 1 sind miteinander assoziiert. Jeder ruft, wenn er selbst aktiviert ist, den anderen mit auf (siehe Abb. 13). Wir haben Simultan-Assoziation zwischen zwei Mustern vor uns.

4. Assoziations-»Kette«. Wurde das Doppelmuster AB eingespeichert und danach BC, so werden nach Abschluß dieser beiden Lernprozesse durch das Eingangssignal A zunächst A und B und dann durch B auch C aufgerufen, also eine Muster-Folge aufgrund einer Kette von Simultan-Assoziationen.

5. Assoziations-»Brücke«. Sind andererseits zwei Doppelmuster AB und CD eingespeichert, die kein Element gemeinsam haben, so können sie doch sekundär miteinander assoziiert werden, indem zusätzlich ein drittes Doppelmuster BC eingelernt wird. Danach nämlich aktiviert das Eingangsteilmuster A das Muster AB, dieses BC und das wieder CD. Weil auf diese Weise durch Vermittlung von BC die Muster AB und CD kurz nacheinander aktiviert werden, kann sich dadurch, vor allem wenn sich dieses Geschehen mehrmals abspielt, zusätzlich auch eine *unmittelbare* Assoziation zwischen AB und CD bilden. Dies ist ein »Modell« für eine »neue Gedankenverbindung« (siehe Abschnitt 6), aber auch für eine Gedächtnisstütze nach Art der »Eselsbrücke«.

Um die Assoziations-Folge und die Assoziations-Brücke möglich zu machen, enthält das System Zusatzschaltungen, die auf Abb. 10 nicht eingezeichnet, aber in G. Willwachers Computer-Programm verwirklicht sind: ein Teilsystem, das die Aktivierungsdauer eines angeregten Musters zeitlich begrenzt sowie eine Aufschaltung jeder Ausgangsleitung auf den eigenen Eingang.

6. *Auswahl und Assoziation eines verwandten Musters.*
Nachdem G. Willwacher die Buchstaben A bis H in seinem lernenden Netzwerk gespeichert hatte (siehe Abb. 11), gab er ein Muster ein, das keinem der Buchstaben ähnelte: ein großes X mit Balken von Ecke zu Ecke (Abb. 14). Nach den bisherigen Beschreibungen mußte daraufhin derjenige der 8 Buchstaben am Ausgang erscheinen, der mit dem X die meisten gemeinsamen Musterpunkte besaß. Würde man einen Menschen damit beauftragen, die Auswahl zu treffen, so müßte er bei allen 8 Mustern die Anzahl der mit dem X übereinstimmenden Punkte auszählen. Die einprogrammierte Schaltung leistete dies sofort: Am Ausgang erschien der Buchstabe B (Abb. 14). Das System erwies sich damit als fähig, auch bei geringer Übereinstimmung das Muster mit den

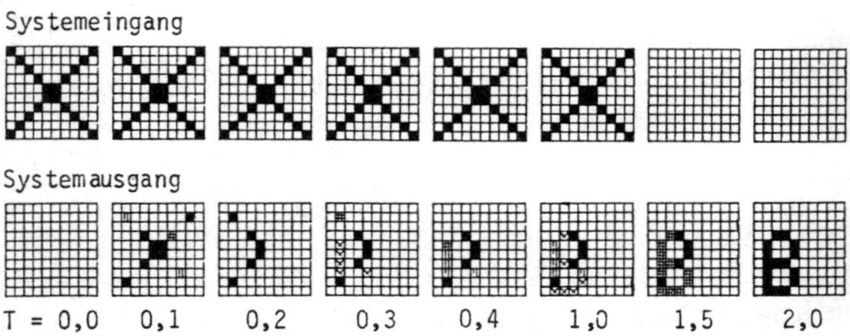

Abb. 14: Zuordnung eines unbekannten (nicht gespeicherten) Musters (eingespeicherte Muster siehe Abb. 11). Am Eingang wird ein unbekanntes Muster der Form X angeboten. Am Ausgang erscheint das Muster mit den meisten gemeinsamen Bildpunkten (nach G. Willwacher).

meisten gemeinsamen Bildpunkten auszuwählen und dieses als Ergebnis der Datenverarbeitung am Ausgang erscheinen zu lassen. Man fühlt sich an das im Abschnitt 8 beschriebene Beispiel erinnert, wo das Wörtchen *Reis* in einem Gedicht allein aufgrund der Übereinstimmung der Buchstaben (nicht der Wortbedeutung) die Assoziation »*Reis* im Kochtopf« aufleben ließ.

7. *Sukzessiv-Assoziation.* Wieder eine andere Leistung vollbringt das Modellsystem, wenn in den Querleitungen die Assoziationssignale nicht sofort, sondern verzögert weitergeleitet werden, wenn also »Verzögerungsglieder« eingeschaltet sind (Abb. 10e). Dann bildet sich, sofern zuerst ein Signal A und wenig später ein Signal B eintrifft, die bedingte Verknüpfung von A zu B, aber keine von B zu A. Damit ist ein Lernsystem für *Sukzessiv*-Assoziationen entstanden. (Die Fähigkeit zur Simultan-Assoziation, also die Eigenschaft, daß bei *gleichzeitigem* Signalempfang von A und von B eine *wechselseitige* bedingte Verknüpfung entsteht, wird durch diese Änderung in der Signalübertragung nicht beeinträchtigt.) Nach diesem Prinzip speichert der Computer Ketten von Assoziationen, und er vermag sie später wie eine Melodie aus Mustern wiederzugeben, zu reproduzieren (siehe Abb. 15).

Hiermit ist das Modellsystem beschrieben, zusammen mit einigen seiner Eigenschaften. Seine beiden funktionellen Grundprinzipien lauten: Gleichzeitigkeit zweier Signale führt zur wechselseitigen Verknüpfung ihrer Bahnen; das Nacheinander zweier Signale in kurzem Zeitabstand führt zur Verknüpfung der Bahn des ersten Signals mit der Bahn des zweiten. Werden viele solcher Elemente zusammengeschaltet, wie in den Abbildungen 9 und 10 angedeutet, so verknüpft das Gesamtsystem erstens Einzelpunkte zu Mustern und zweitens Muster miteinander (Abb. 11 bis 13).

Das geschieht formal nach ähnlichen Regeln, nach denen sich beim Menschen »Assoziationen« bilden, mit Hilfe deren es gelingt, ein Wort durch ein anderes, dazu eingeprägtes Wort, aufzurufen. Das beschriebene, auf einem geeigneten Computer pro-

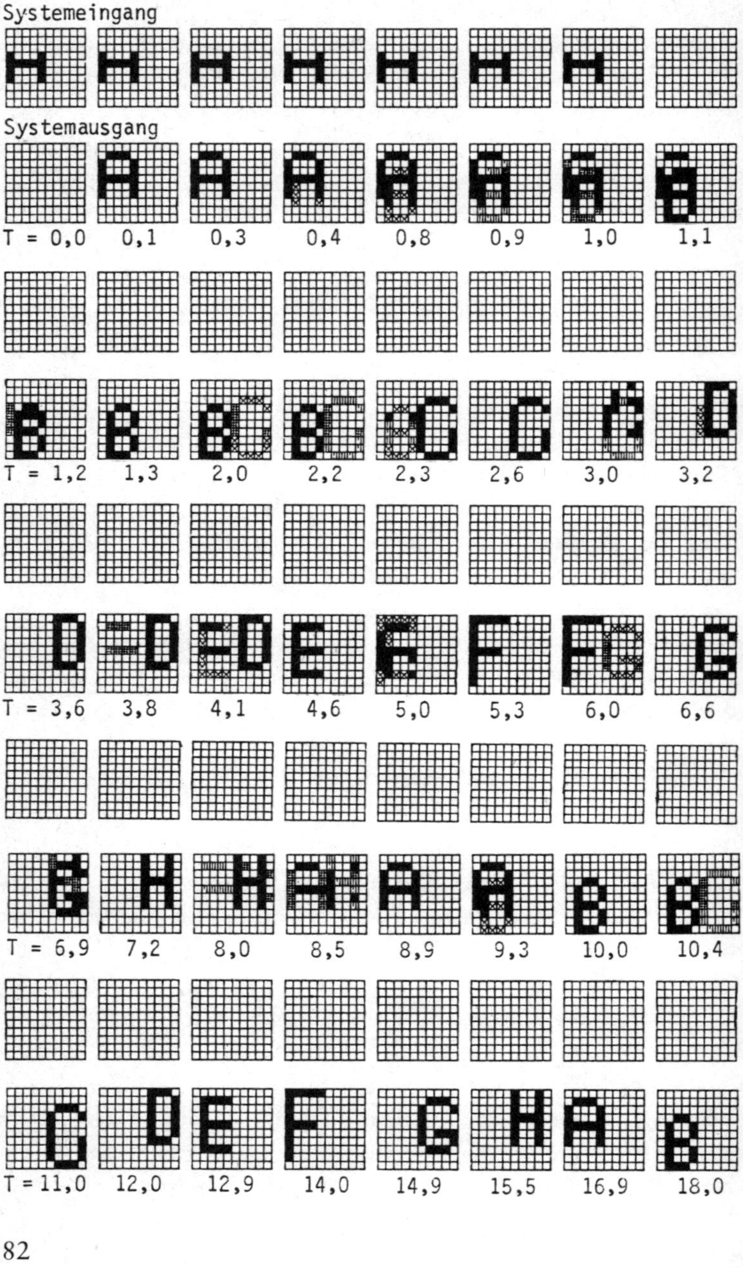
Systemeingang
Systemausgang
T = 0,0 0,1 0,3 0,4 0,8 0,9 1,0 1,1
T = 1,2 1,3 2,0 2,2 2,3 2,6 3,0 3,2
T = 3,6 3,8 4,1 4,6 5,0 5,3 6,0 6,6
T = 6,9 7,2 8,0 8,5 8,9 9,3 10,0 10,4
T = 11,0 12,0 12,9 14,0 14,9 15,5 16,9 18,0

grammierbare System stellt also ein »Modell« der Assoziation dar, sowohl für deren Bildung als auch für deren Aufrufen.

Was ist durch die beschriebene Modellvorstellung gewonnen? Sie gibt zwar keine Auskunft über die tatsächlichen Gehirnvorgänge beim Lernen, Erinnern und Denken, aber sie zeigt, welche Funktionen und Vernetzungen durch ihr Zusammenspiel ein Geschehen hervorbringen, das einigen Eigenschaften unseres Lernens, Erinnerns, Denkens und unserer Phantasietätigkeit ähnelt.

Abb. 15: Der nach dem Grundprinzip von Abbildung 10e programmierte Computer hat die Buchstaben der Abbildung 11 *der Reihe nach* gelernt, dazu die Buchstabenfolge H → A. Die Abbildung gibt die Aufzeichnung der Ausgabe des Computers zu den angegebenen Zeitpunkten »T« wieder, nachdem am Systemeingang lediglich einmal ein unvollständiges A eingegeben worden war (nach G. Willwacher).

15. Ungenaues Aufrufen von Assoziationen

Das beschriebene Modellsystem arbeitet mit Buchstaben und Ziffern, also nur mit sehr einfachen Mustern und »Assoziationen« zwischen ihnen. Ähnlich einfache Assoziationen lassen sich jedoch auch an menschlichen Bewußtseinsvorgängen beobachten, und zwar, wenn wir uns Namen oder sonstige Worte ins Gedächtnis rufen wollen und dies nicht sofort gelingt. Dabei erfolgt das Aufrufen der Assoziationen manchmal ungenau, und wir können studieren, ob die Fehler regellos auftreten oder ob sie bestimmten Regeln folgen, die einen Einblick in den Aufrufmechanismus gestatten. Einige Beispiele (bei denen die entscheidenden Buchstaben durch *Kursivdruck* hervorgehoben werden) sind:

– Rundfunksprecherin beim Wetterbericht: »Auf dem Feldberg heftiger Regen und lebhafter Südwest-*Funk* – Entschuldigung: Südwest-*Wind*.«

– Aus den Lebenserinnerungen des Physikers Ludwig Boltzmann (1844–1906): »Wer hätte nicht schon Beobachtungen gemacht, welche die mechanische Natur des Gedächtnisses belegen? ... Als ich mich wochenlang ausschließlich mit Hertz' Mechanik befaßt hatte, wollte ich einmal mit den Worten ›liebes *Herz*‹ einen Brief an meine Frau beginnen, und ehe ich mich versah, hatte ich *Herz* mit *tz* geschrieben.«

– Bei der Suche nach dem Ortsnamen *Rippoldsau* trat fälschlicherweise der Name *Rapperswil* ins Gedächtnis (gleicher Anfangsbuchstabe, gleicher Doppelkonsonant, gleiche Silbenzahl).

– »Morgen sind wir bei *Linkes* eingeladen.« Das stimmte nicht: Die Einladenden waren das Ehepaar *Nickel* (fast dieselben Buchstaben, aber umgestellt).

– Ein zweijähriges Kind sagte *Enten*blümchen statt *Gänse*blümchen und *Sauer*falter statt *Zitronen*falter (inhaltliche Ähnlichkeit).

– Ein Professor schrieb aus dem Gedächtnis in einer Briefadresse *Mathilden*straße anstelle von *Katharinen*straße und glaubte später, er habe versehentlich *Marien*straße geschrieben.

– Im Verlauf einer Unterhaltung kam das Gespräch auf einen vor Jahrzehnten gespielten Film mit dem Titel »*Himmelbett*«. Bald stellte sich der Gedächtnisfehler heraus: Der Film hieß in Wirklichkeit »*Hochzeitsnacht im Paradies*«.

– In einem Vortrag über Elektro-Unfälle kam auch der *Blitzschlag* zur Sprache. Als der Redner kurz danach ein Bild projiziert haben wollte, begann er seinen Satz mit: »Im nächsten *Blitz* sehen Sie ...«

– Beginn einer feierlichen Begrüßung: »Mein *verlehrter* ... Entschuldigung! ... *verehrter Lehrer!*«

– Jemand wollte von Carl Zuckmayer sprechen, aber ihm fiel der Name nicht ein, und er fragte den Gesprächspartner: »Von wem ist denn das Buch: Als wärs ein *Zuck* von mir?« (Die Assoziation war also, obgleich sie sich nicht direkt ins Bewußtsein hatte heraufholen lassen, doch unterbewußt schon gefunden und aktiviert, so daß sich die erste Silbe des gesuchten Namens an die Stelle des aufgerufenen, ganz ähnlichen Wortes »Stück« drängte und auf diesem Umweg ins Bewußtsein aufstieg.)

In dieser bunten Reihe von Beispielen für ungenaues oder fehlerhaftes Aufrufen von Assoziationen (wozu übrigens auch die Freudschen Versprecher* gehören) lassen sich verschiedene Regeln erkennen. Beispielsweise kann ein Wort wegen seiner Ähnlichkeit in der Buchstabenzusammensetzung oder wegen seines Inhalts aufgerufen werden. Manchmal kommt bei der Suche nach einem Wort auch beides nacheinander vor:

– Eine alte Dame war nach vierzig Jahren erstmals wieder im Schwarzwaldort Hinterzarten, und sie erinnerte sich: »War hier nicht in der Nähe ein Gasthaus mit einem Namen ähnlich wie *Kanone* oder *Lazarett*?« Sie hatte recht: Das Gasthaus steht noch und heißt *Lafette**. Die Assoziationsbeziehung zum ersten Wort (Kanone) war *inhaltlicher* Art, die zum zweiten (Lazarett) bezog sich auf einen charakteristischen Teil der *Buchstabenfolge*.

Ein näheres Studium derartiger Suchprozesse könnte zusätzliche Assoziationsregeln zutage fördern. Beispielsweise kommt es vor, daß die erste Assoziation einen Anteil des tatsächlich gespeicherten Wortes zutage fördert, der bei der zweiten Assoziation wieder verlorengeht, während dort ein anderer gespeicherter Anteil erscheint. Nachdem die beiden halb richtigen, halb unrichtigen Assoziationen aufgerufen wurden, kann der vollständig richtige Gedächtnisinhalt erscheinen. Ein Beispiel: Bei der Suche nach dem Namen *Geitner* traten zunächst der Name *Gentner* und danach der Name *Breitner* ins Bewußtsein. Der zweite dieser Namen enthält gerade die beiden Buchstaben, die beim ersten Namen nicht mit dem gesuchten Namen übereinstimmten.

Die Beispiele dieses Abschnitts sollten beim Leser den Eindruck erwecken, daß bei manchen unserer Bewußtseinsvorgänge tatsächlich Prozesse mitwirken, die einen eigentümlich technischen, instrumentalen und formalen Eindruck machen und an die Funktion des Modellsystems (Abschnitt 14) erinnern.

16. Fehlleistungen des Denkens durch Aufregung und Angst

Bewähren sich die zuvor erarbeiteten Einsichten auch für das bessere Verständnis von *fehlerhaftem Denken?*

Einer Biologistudentin waren beim mündlichen Staatsexamen etliche so haarsträubende Fehler unterlaufen, daß es kaum vorstellbar schien, dies hätte tatsächlich an fehlendem Wissen gelegen. Die Studentin ließ sich nachträglich nach dem Grund ihrer Fehlleistungen ausfragen und gab bereitwillig Auskunft:

1. Eine im Bild gezeigte Kohlmeise – neben Amsel und Schwalbe der bestbekannte Singvogel – bezeichnete sie als Blaumeise. »Mein erster Eindruck war: Kohlmeise. Aber ich bemerkte einen bläulichen Schimmer auf ihren Federn und sagte mir: Vorsicht, vielleicht falsch! Ohne weiter nachzudenken, sagte ich in einer Kurzschlußentscheidung: Blaumeise.«

2. Gefragt nach dem entscheidenden Zentralatom des Blattgrün-(Chlorophyll)-Moleküls nannte die Studentin – statt des schon Schülern höherer Schulen bekannten Magnesiums – Stickstoff. »Obwohl ich das Chlorophyll-Molekül kenne, erschien in meinem Vorstellungsbild ein Stickstoffatom im Zentrum und blieb dort haften.«

3. »Bei jedem Schlag drückt das Herz alles Blut in den Stamm der Hauptschlagader, so daß diese sich dort stark ausdehnt. Wodurch zieht sie sich wieder zusammen?« Die falsche Antwort der Studentin lautete: durch Muskeln. »Ich hatte noch vor ein paar Tagen gelernt, daß sich hier die gedehnten elastischen Fasern der Gefäßwand wieder (elastisch) zusammenziehen; aber in der Prüfungsaufregung kam mir nur die frühere falsche Meinung zum Bewußtsein, das neugelernte Wissen meldete sich nicht.«

4. Mehrmals nacheinander sagte die Studentin »Aminosäure«*, wenn sie »Protein«* meinte (dieses ist aus Aminosäuren zusammengesetzt). »Ich merkte nicht, daß ich diese sinnverwandten Wörter, deren unterschiedliche Bedeutung ich selbstverständlich kenne, verwechselte.«

Die Fehlleistungen der Studentin und deren Erklärungen erlauben einen anschaulichen Einblick in das gedankliche Geschehen in einer Prüfung. Eigentlich soll dort der Vorrat an gespeichertem Wissen überprüft werden. Aufregung und Angst aber stören den Aufrufmechanismus: Er arbeitet ungenau. Einmal wird ein richtiges Engramm in Frage gestellt und durch ein falsches ersetzt, ein andermal haftet ein falsches und läßt sich nicht korrigieren, ein drittes Mal kommt eine alte Assoziation, die eigentlich schon korrigiert ist, zum Vorschein, und schließlich fehlt die bewußte Überprüfung der eigenen Wortwahl. Die Beobachtung zeigt eindrucksvoll, daß Unruhe und Angst, auch wenn sie das Aufrufen von Assoziationen und das Denken nicht völlig blockieren, die verschiedensten Arten von Störungen in dessen Ablauf hineintragen können: mangelnde Präzision, Nicht-Aufrufen erforderlicher, an sich vorhandener Assoziationen, mangelnde Kontrolle der eigenen Aussagen.

Wenn es der Aufrufmechanismus der an sich vorhandenen Assoziationen war, der bei der Studentin in der Prüfung unvollkommen funktionierte, so läßt sich daraus folgern: Auch Intelligenzleistungen vom Typ des Problemlösens können durch Aufregung und Angst beeinträchtigt werden; denn auch bei ihnen kommt es – wie bei einer Prüfung – auf das Aufrufen der jeweils genau passenden Assoziationen an. Hierfür gibt es ungezählte Beispiele. Ich möchte ein besonders liebenswertes anführen: Vor Jahrzehnten hielt ein verehrungswürdiger Gelehrter, bereits hochbetagt, auf einem wissenschaftlichen Kongreß einen Kurzvortrag, der für den Abschluß seines Lebenswerkes von besonderer Bedeutung war. Dem entsprach seine innere Erregung, die sich in seiner Stimme und seinen Bewegungen ausdrückte. Da entdeckte er auf einem Diapositiv, das projiziert wurde, einen nicht dahin gehörenden Strich, den er tilgen wollte, und ihm unterlief eine unpräzise Assoziation: Er nahm den für die Wandtafel bereitliegenden *Lappen* und setzte mit ihm dazu an, den Strich auf dem Lichtbild wegzuwischen.

Unter Umständen können Erregung und Angst die geistige Leistungsfähigkeit auch vollständig blockieren. Ein eher heiteres Beispiel dafür lieferte der berühmte Physiker Robert Röntgen, der mit dem Nobelpreis geehrte Entdecker der nach ihm benannten Strahlen: Kurz vor Weihnachten ging er mit seiner Enkelin in den Wald, um Tannenreisig zu suchen, was aber auch damals nicht gestattet war. Die beiden wurden von einem Waldhüter gestellt, der ihre Personalien aufschrieb. Röntgen war in dieser peinlichen Situation dermaßen verstört, daß ihm der Vorname seiner Mutter nicht einfiel und der Waldhüter im Protokoll vermerkte: Mutter unbekannt.

Beklemmend ist dagegen folgende Begebenheit: Einem im deutschen Aufsatz ausgesprochen schwachen Schüler fiel nach mehreren im ersten Teil des Schuljahres erlittenen Mißerfolgen eine unverhoffte Chance zu: Ein Aufsatzthema, nämlich »Begegnung mit einem ungewöhnlichen Menschen«, paßte zu einer kurz zuvor erlebten beglückenden Erfahrung, die er nun beschreiben konnte. Sie bestand darin, daß er den Sport Karate zu lernen begonnen und in seinem Trainer – vielleicht zum ersten Mal in seinem Leben – ein schwärmerisch verehrtes Vorbild gefunden hatte. Ihm wurde nun das Erlebnis zuteil, seiner Begeisterung im verlangten deutschen Aufsatz auf seine Weise Ausdruck geben und die Person des Trainers beschreiben zu können. Unglücklicherweise spürte seine Lehrerin jedoch nicht, daß hier ein mit Herzblut geschriebener Hymnus vor ihr lag, und erteilte – wohl aus formalen Gründen – die Note mangelhaft. Dieses in mehrfacher Hinsicht problematische Urteil bewirkte folgende Reaktion des Jungen: Beim nächsten in der Klasse zu schreibenden Aufsatz saß er vor seinem Heft – unfähig, auch nur ein einziges Wort zu Papier zu bringen, obgleich er es gern wollte. Er versagte völlig. – Daß ein Übermaß an Erregung und Angst die geistige Leistungsfähigkeit schwächt oder gar blockiert, gehört zum beruflichen Wissen jedes Lehrers: »Ein von Mißtrauen beherrschtes Kind hat nicht die Freiheit, seinen Geist spielen zu lassen« (Anita Schühly).

Gerät ein Mensch in Gefahr oder Not, so gibt es für ihn kaum etwas Wichtigeres, als seinen klaren Kopf zu behalten und mit kühlem Verstand den besten Weg aus der Krise zu suchen. Manchem gelingt es durch Selbsterziehung, dies auch zu verwirklichen. Viel weiter verbreitet ist es aber, daß Aufregung und Angst die geistige Leistungsfähigkeit herabsetzen oder sogar blockieren. Dies wirft die Frage auf: Wie ist – beispielsweise in biologischer Sicht – die fatale Eigenschaft des Menschen zu erklären, daß ihm sein klarer Verstand gerade dann abhanden zu kommen droht, wenn er ihn als Mittel zur Problembewältigung am dringendsten brauchte? Darin, daß ein Prüfling durch seine Aufregung ausgerechnet am Reproduzieren seines Wissens und am präzisen Nachdenken, also an dem, was er in seiner Lage am wenigsten entbehren kann, gehindert wird, ist beim besten Willen nichts Segensreiches, sondern nur Nachteiliges zu finden. Fragt man daraufhin, wo denn ein solcher Widerspruch zwischen Wollen und Können seine Wurzel haben könnte, so ist es schwer, sich vorzustellen, dies könnte *angelernt* sein. Dann aber bleibt nur die Vermutung, hier komme eine Veranlagung zum Ausdruck, die in der menschlichen Natur verankert ist. Sollte das der Fall sein, so kann man in dieser Veranlagung kaum etwas anderes als ein belastendes Erbteil aus Vorzeiten der menschlichen Stammesgeschichte vermuten.

In freier Natur befolgen nämlich fast alle Lebewesen bei Gefahr das Prinzip, ohne Verzug sofort zu flüchten, anzugreifen oder sich totzustellen, der Gefahrenbewältigung also den Vorzug vor allen anderen Prinzipien der Verhaltenssteuerung zu geben. Diese instinktiven Reaktionen gewährten die größtmöglichen Chancen für das Überleben. Erst die Zivilisation hat für den Menschen die Verhältnisse geändert: In der heutigen Umwelt sind die Lebensverhältnisse so vielfältig, daß »kopflose« Flucht oder Sich-Totstellen oft nicht mehr die beste Antwort auf eine Gefahr sind, sondern daß kaltblütiges Nachdenken die besseren Chancen verspricht, die Lage zu meistern. Hiernach macht die Denkhemmung durch Aufregung und Angst den Eindruck einer ursprünglich biologisch sinnvollen und dem Menschen aus Vorzeiten überkommenen Veranlagung, die erst durch die Entwicklung der Zivilisation problematisch geworden ist.

Somit teilt also das Nachdenken das Schicksal, von Aufregung und Angst unterdrückt zu werden, mit allen anderen, nicht zur Gefahrenbewältigung gehörenden Verhaltensweisen. Doch scheint noch ein *für das Nachdenken spezieller* Grund hinzuzutreten: In der Denkhemmung durch Aufregung und Angst drücken sich im wesentlichen zwei urtümliche Teilprinzipien der Verhaltenssteuerung aus, deren Namen dem Nichtfachmann nicht viel sagen, die aber in wenigen Sätzen der Umgangssprache zu erläutern sind:

- der Höchstwertdurchlaß für Verhaltenstendenzen und,
- die Homologie zwischen produktivem Denken und Spielen.

1. Höchstwertdurchlaß für Verhaltenstendenzen. Wenn in einem Lebewesen einschließlich des Menschen mehrere unvereinbare Verhaltenstendenzen zugleich aktiviert sind, so etwa Hunger, Spieltrieb und Schlafbedürfnis, wobei jede von ihnen, wenn sie einzeln erregt wäre, das Verhalten in ihrem Sinne dirigieren würde, dann schließen sie, wie es der englische Biologe Julian Huxley beschrieb, ein *Gentleman's-Agreement*: Sie drängen nicht gleichzeitig auf die Kommandobrücke und streiten sich nicht, sondern sie führen das Kommando nacheinander, und zwar nach Maßgabe der Motivationsstärke und der äußeren Wahrnehmungen. Die nüchterne biokybernetische Bezeichnung für dieses Gentleman's-Agreement ist »Höchstwertdurchlaß«. Damit ist gemeint: Die inneren Verhaltensimpulse durchlaufen, bevor sie zum inneren Verhaltenskommando werden, ein funktionelles Teilsystem, das ihre relativen Durchsetzungsstärken vergleicht und jeweils nur den am höchsten aktivierten Impuls passieren läßt, der dann als einziger solange verhaltenswirksam wird, bis er befriedigt ist und wieder abnimmt. Dann kommt automatisch der nächste zum Zuge. Der Mechanismus dieser Sortierfunktion ist die sogenannte »laterale Inhibition«, bisher das einzige biokybernetische Funktionsprinzip, für dessen Entdeckung ein Nobelpreis verliehen wurde, 1967 an den Amerikaner Haldan Keffer Hartline.

Der Höchstwertdurchlaß macht also aus dem Nebeneinander gleichzeitig aktivierter Verhaltenstendenzen ein Nacheinander der zugehörigen Verhaltensweisen. So verhindert er Mischverhalten und sorgt dafür, daß die Tiere das für den Augenblick Wichtigste tun und ohne inneren Konflikt (der nur in Ausnahmefällen vorkommt) für eine Verhaltensrichtung entschieden sind, für Nahrungssuche, Flucht, Angriff, Liebeswerben, Jungenbetreuen, Spielen oder Schlafen. Auch für den Menschen gilt in der Regel die gegenseitige Ausschließung stark aktivierter Verhaltenstendenzen. Die Unterdrückung des Nachdenkens durch die Angst wäre demnach als Ausdruck dieses Mechanismus der Hemmung aller schwächeren Verhaltenstendenzen durch die jeweils am stärksten aktivierte zu deuten.

2. *Homologie zwischen produktivem Denken und Spielen.* Wie aber erklärt sich dann die *Unterlegenheit des Impulses zum Denken* gegenüber der *Angst,* auch wo das Denken für das Finden einer rettenden Idee unentbehrlich wäre und daher im Höchstwertdurchlaß unbedingt Vorrang verdiente? Der Grund dafür liegt aller Wahrscheinlichkeit nach in der *Homologie* von produktivem *Denken* und *Spielen.* Mit Homologie bezeichnet man in der Biologie nicht einfach Übereinstimmung, sondern speziell die Übereinstimmung der *stammesgeschichtlichen Herkunft.* Als sich in der biologischen Menschwerdung der Verstand entfaltete, scheint der produktive Teil der Intelligenz, der intellektuelle Variations- und Suchmechanismus, seine Funktion von der Spielsteuerung entlehnt zu haben, wo ein entsprechendes Abwechseln und Variieren bereits perfekt vorgebildet war. Damit aber wurde, so scheint es, etwas nunmehr Nachteiliges mitgenommen und nicht abgeschüttelt, die geringe oder fehlende *Durchsetzungs-*

fähigkeit des Spielimpulses im Höchstwertdurchlaß gegenüber der Angst vor Gefahren, die eine sofortige Flucht nötig machen.

Für den Spieltrieb ist nämlich trotz seiner hohen Bedeutung für die Verhaltensentwicklung eine geringe Durchsetzungstendenz gegen sonstige Verhaltenstendenzen kennzeichnend: Er konkurriert kaum jemals mit irgendwelchen stark aktivierten Verhaltenstendenzen von aktueller Wichtigkeit. Der Ernstfall erhält stets den Vorrang. So bewältigt das Tier bevorzugt die für sein Überleben gerade wichtigsten Aufgaben. Der Spieltrieb dagegen liefert den aufwachsenden Lebewesen Erfahrungen und Fähigkeiten für ihre Zukunft und erfüllt darum seine Funktion genauso gut in nicht anderweitig beanspruchten Zeitintervallen, das heißt »im entspannten Feld«. Darum bedarf er keiner erheblichen Durchsetzungspotenz, ja eine solche würde den Lebewesen eher schaden, weil sie dann bei plötzlich auftauchender Gefahr vielleicht nicht schnell genug vom Spiel- auf das Ernstverhalten übergehen (»umschalten«) würden.

Die Vermutung, der zur Intelligenz gehörige gedankliche Suchmechanismus könne seine Steuerung von der Spielsteuerung übernommen haben, beruht in ihrem Ansatz auf einer allgemeinen Aussage der biologischen Evolutionslehre: In der Stammesgeschichte der Organismen entstand zwar immer wieder völlig Neues; in vielen Fällen wurde aber auch Vorhandenes übernommen und zur Erfüllung neuer Funktionen eingesetzt und umgestaltet (»Funktionswechsel«). Zur vergleichenden Methode in der Biologie gehört es darum, bei jeder in der Stammesgeschichte neu aufgetretenen Fähigkeit zu fragen, ob sie womöglich von einer anderen, stammesgeschichtlich älteren, abstammen könnte.

Diese Frage wurde auch für den Suchmechanismus innerhalb der menschlichen Intelligenz gestellt, der die jeweiligen Gedankenfolgen immer wieder abbrechen und an einem anderen Ansatz neu beginnen läßt. Was diesem Funktionsprinzip in der sonstigen Verhaltenssteuerung am ähnlichsten erscheint, ist die Tendenz zum Abwechseln in der Spielsteuerung. Diese Ähnlichkeit würde allerdings für die Aufstellung einer Verwandtschafts-Hypothese noch nicht ausreichen, wenn nicht die Übereinstimmung in der Unterdrückbarkeit durch Aufregung und Angst dazukäme, die für den gedanklichen Suchprozeß, falls er im Zuge der Menschwerdung ganz neu entstanden wäre, völlig unverständlich bliebe. Machte sich aber hier eine Homologie mit der *Spielsteuerung* bemerkbar, bei welcher die Unterdrückbarkeit durch Angst ursprünglich biologisch sinnvoll ist, so läge damit zumindest eine zwiefach gestützte Hypothese vor.

Hinweise auf eine Verwandtschaft zwischen Nachdenken und Spielen finden sich übrigens auch in der Umgangssprache: Das auf Seite 90 wiedergegebene Zitat handelte von der Freiheit, seinen Geist »spielen« zu lassen. Der Ausdruck vom »Spiel der Gedanken« spricht für sich. Die Annahme einer Stammesverwandtschaft zwischen Spielen und produktivem Denken ist also nicht so fernliegend, wie es auf den ersten Blick scheinen mag. Zumindest würde sie den sonst unbegreiflichen Widerspruch zwischen

– der Wichtigkeit kühlen Kalkulierens in Not und Gefahr und
– der Hemmung gerade dieses Rettungsmittels durch die bei Not und Gefahr auftretende Erregung und Angst

zwar nicht funktionell, aber doch zumindest historisch verständlich machen.

17. Angst als Denkhemmnis für Schlußfolgerungen aus Erfahrungen und vorausgegangenen Überlegungen

Die Angst behindert nicht nur, falls sie überstark ist, die geistige Tätigkeit insgesamt. Sie hat auch noch einen anderen, besonderen Einfluß auf das Denken: Sie errichtet *spezielle* Denkhindernisse für Gedanken, die unerträglich wären. Dies wird im folgenden Satz genauer formuliert:

Der Mensch scheut vor einem Gedanken zurück, der ihn, wenn er ihn dächte, vor eine Situation stellte, der er sich nicht gewachsen fühlt. Die Angst errichtet spezielle Denkhindernisse für Konsequenzen, die eigentlich aus dem eigenen augenblicklichen Wissen und Kenntnisstand zu ziehen wären. Aus Angst kann ein Mensch »nicht wahrhaben wollen«, was ihm sein Nachdenken eigentlich klar vor Augen führen müßte.

Sigmund Freud* hat eine Variante dieser Denkhemmung als psychopathologisches* Geschehen entdeckt – er sprach von »Verdrängung«. Er gründete darauf seine Therapie: Verdrängtes mache seelisch krank; es ins Licht des Bewußtseins zu heben, führe zur seelischen Gesundung.

Das Nicht-Denken von Gedanken, obwohl sie sich aufdrängen müßten, ist auch zum literarischen Thema geworden. In Max Frischs »Biedermann und die Brandstifter« läßt sich der Held des Stückes, obwohl er sich schrecklich vor Feuer fürchtet, durch die Schritt für Schritt immer deutlicher werdenden Hinweise darauf, daß er selbst zwei Brandstifter in sein Haus aufgenommen hat, nicht beeindrucken – so lange, bis schließlich das Dach seines Hauses in Flammen aufgeht. Wer dieses Stück noch nicht kennt, möge acht Exemplare davon kaufen und es in einer häuslichen Zusammenkunft mit verteilten Rollen lesen. Danach wird er lebhaft nachempfinden, warum auch durchaus intelligente Menschen mitunter gerade in entscheidenden Situationen jämmerliche und verhängnisvolle Denkfehler machen, die gar nicht zu ihrem sonstigen Wesen passen. Ohne daß es ihnen bewußt wird, ist ein an sich logisch zwingender Gedanke blockiert, weil die Konsequenzen dieses Gedankens unerträglich wären. Das Denken produziert daraufhin – gerade bei intelligenten Menschen – ganze Gerüste aus scheinlogischen Argumenten, um den tatsächlichen Konsequenzen nicht ins Auge blicken zu müssen. Erst wenn man diese Auswirkung auf das logische Denken erfaßt hat, begreift man, warum zum folgerichtigen Denken Mut und Unerschrokkenheit notwendig sein können (Horaz: Sapere aude – Wage es, deinen Verstand zu gebrauchen).

Abschnitt 16 beschrieb die *allgemeine* Beeinträchtigung des Denkvermögens durch Aufregung und Angst. Die in diesem Abschnitt behandelte *spezielle* Denkhemmung betrifft jeweils nur bestimmte einzelne Gedanken, ohne in der Regel die sonstige Gedankentätigkeit zu beeinträchtigen. Ursache ist jeweils allein der spezielle Assoziationsgehalt des blockierten Gedankens: Ist ein Gedanke aufgrund bestehender Assoziationen mit Angst verknüpft, so verursacht bereits seine innere Ankündigung die angstbedingte Selbsthemmung, und der Gedanke bleibt ungedacht.

Wer direkt oder indirekt für das Schicksal von Menschen Verantwortung trägt und Entscheidungen fällen muß, sollte den Mechanismus der angstbedingten Denkhemmung an sich selbst und an anderen Menschen zu erkennen und zu beobachten lernen. Dann kann er sich gezielt bemühen, die Denkangst bei sich selbst zu bemerken und zu überwinden, also der Wahrheit ins Auge zu sehen und sich die Fähigkeit zu bewahren, auch besorgniserregende Sachverhalte zu Ende zu denken.

18. Tendenziöses Wahrnehmen und Urteilen

Ein Gegenstück zur eben beschriebenen angstbedingten Denkhemmung ist die Neigung des Menschen, bevorzugt dasjenige wahrzunehmen, was seiner Seele guttut, und solchen Gedanken den Vorzug zu geben, die seinen Ansichten und Hoffnungen entsprechen. »Keiner will die Dinge sehen, wie sie sind, sondern so, wie sie in sein System passen«, schrieb Jean Jacques Rousseau in seinem Roman »Émile«.

Vor rund 300 Jahren entdeckte der holländische Biologe Anton van Leeuwenhoek (1632–1723) mit seinen selbstgeschliffenen Vergrößerungslinsen die Spermatozoen (Samenfäden) in der menschlichen Samenflüssigkeit. Er fertigte erste Zeichnungen davon an. Damals herrschte die Vorstellung, in den Samen sei die Gestalt des künftigen Kindes vorgebildet. Ein Zeitgenosse (und wissenschaftlicher Gegner) Leeuwenhoeks mit Namen Nicholas Hartsoeker glaubte, dies auch leibhaftig zu sehen (obgleich er es, wie wir es als Besitzer außerordentlich viel leistungsfähigerer Vergrößerungsapparaturen mit voller Überzeugung sagen können, nur »hineingesehen« hat), und er hat seinen Eindruck sogar gezeichnet (Abb. 16). Mit dieser Zeichnung besitzen wir also das anschauliche Dokument einer »wunschgelenkten Wahrnehmung« (wissenschaftlicher Fachausdruck: tendenziöse Perzeption).

Jahrhundertelang glaubten einzelne Astronomen, die mit dem Fernrohr den Planeten Mars beobachteten, sich kreuzende Linien auf dessen Oberfläche zu erkennen. Diese deutete man als Kanäle, die von menschenähnlichen Wesen hätten gebaut sein können. Auch diese Aussage hat sich nach der inzwischen gewonnenen genaueren Erkenntnis als Ergebnis wunschgelenkter Wahrnehmung erwiesen.

Wie groß die Gefahr der unbewußten Urteilsverfälschung ist, hat der Entdecker des Organisatoreffekts*, der Biologe Hans Spemann* (1869–1941, Nobelpreis 1935) folgendermaßen ausgedrückt: »Das Gebot der unbedingten Wahrhaftigkeit ist das oberste Gebot für den Forscher. Erziehung zu dieser Wahrhaftigkeit ist die oberste Aufgabe des wissenschaftlichen Lehrers ...

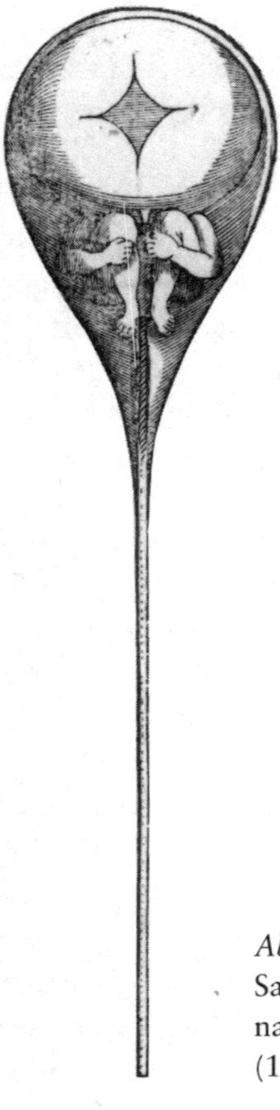

Abb. 16:
Samenfaden des Menschen nach Nicholas Hartsoeker (1656–1725).

Und doch ist nichts schwerer, als unbedingt wahrhaftig zu sein. Nicht daß einer bewußt schwindelt, meine ich, oder bewußt einen erkannten Irrtum weiterverbreitet, obwohl auch das gelegentlich vorkommt. Ich meine die allgemein menschliche Eigenschaft, daß vorgefaßte Meinungen, namentlich schon ausgesprochene, vielleicht sogar erfolgreich ausgesprochene, unsere Urteilskraft fälschen, so daß wir ganz unwillkürlich alles betonen, was dieser vorgefaßten Meinung entspricht, und unwillkürlich beiseite schieben, was ihr widerspricht. Nur ein ganz leises Gefühl des Unbehagens verrät einem, daß etwas nicht stimmt.

Und noch ein anderes: man kann nicht forschen, ohne zu irren. Es ist entscheidend für die ganze Zukunft des jungen Forschers, wie er sich nach seinem ersten Irrtum verhält, den er nachträglich selbst entdeckt oder, was bedeutend peinlicher ist, den ein anderer entdeckt und mit mehr oder weniger Behagen ans Licht zieht. Gibt er rückhaltlos den Irrtum zu, befreit er sich dadurch innerlich von ihm, macht den Irrtum selbst zum Gegenstand des Studiums, um zu erkennen, wie er in ihn verfallen konnte, so bleibt ihm der Weg zur weiteren Erkenntnis frei; im anderen Fall verbaut er sich selbst seine weitere Entwicklung.«

Eine geradezu unheimlich anmutende Neigung von Menschen zur Verfälschung des Urteils offenbarte sich in dem inzwischen klassisch gewordenen Experiment des Psychologen S. E. Asch (1951): Einer großen Anzahl von Versuchspersonen zeigte er die in Abbildung 17 wiedergegebene Anordnung aus einer Musterlinie und drei Vergleichslinien. Alle erkannten, daß die längste der Vergleichslinien die Länge der Musterlinie aufwies. Ebenso viele andere Versuchspersonen wurden danach vor dieselbe Aufgabe gestellt, aber mit folgender Veränderung: Sie hörten, wie vor ihnen jeweils sieben bis acht andere Personen (von denen sie nicht wußten, daß sie in Wirklichkeit im Auftrag des Versuchsleiters handelten) gleichlautend nicht die längste, sondern die zweitlängste der Vergleichslinien als übereinstimmend mit der Musterlinie bezeichneten. Unter dieser Bedingung gaben von den Versuchspersonen 37%, also mehr als ein Drittel, dasselbe falsche Urteil

Die Frage an die Versuchspersonen lautete: Welche der drei Vergleichslinien entspricht in der Länge der Musterlinie?

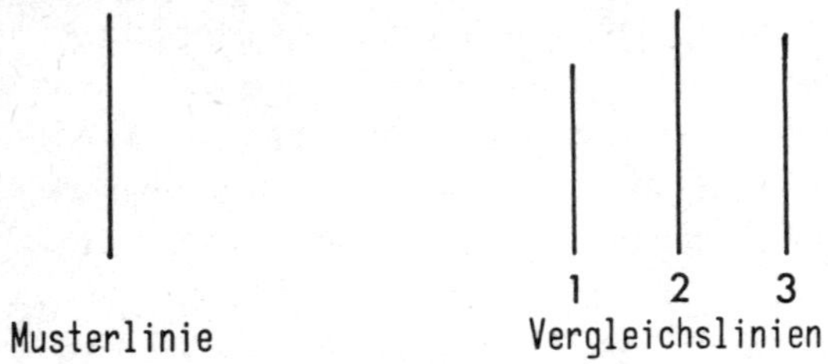

Quelle: Solomon E. Asch, 1952: "Group Forces in the Modification and Distortion of Judgments." Social Psychology. New York: Prentice-Hall, Inc., S. 452

Abb. 17: Das Solomon-Asch-Experiment (nach E. Noelle-Neumann*, in deren Buch »Die Schweigespirale« das Experiment erwähnt wird).

wie die anderen angeblichen Beurteiler ab. Es war die Tendenz zur Übereinstimmung mit den anderen, also zur Konformität, die hier die Beurteilung tendenziös verfälschte.

Goethe fand einen drastischen Ausdruck für die tendenziöse Beurteilung und das Wunschdenken mancher Wissenschaftler: »Einem Gelehrten von Profession traue ich zu, daß er seine fünf Sinne verleugnet« (Brief an Merck, 8. 4. 1785). Goethe hatte Grund zu dieser Äußerung: Er hatte entgegen der damals herrschenden Meinung entdeckt, daß der Mensch wie die Affen und Menschenaffen einen Zwischenkiefer besitzt: denjenigen Oberkieferknochen, in dem die Schneidezähne sitzen. Nur verschwinden die Nähte zwischen den seitlichen Kieferknochen und dem Zwischenkiefer beim erwachsenen Menschen. Am Schädel kleiner Kinder sind sie noch erkennbar. Goethe sah dies, schrieb darüber eine wissenschaftliche Arbeit und sandte sie zur Veröffentlichung an die damals führenden Anatomen. Aber alle wiesen den Aufsatz zurück, weil sie dessen Aussagen, die der einhelligen

Ansicht der damaligen Fachgelehrten widersprachen, keinen Glauben schenkten.

Die Einschränkung des Wahrnehmens kann auch viel einfachere Gründe als »Wunschdenken« haben. Sie kann auf einer bloßen Erwartung, einem »Suchbild« beruhen. Hierfür sei ein Brief zitiert: »Nachdem ich sie zwei Wochen lang verzweifelt gesucht habe, kann ich Ihnen hier endlich die Vorlesungsnotizen zurückschicken, die Sie mir so freundlich ausgeliehen haben. Ich war der festen Meinung, sie bereits vor längerer Zeit in einen fertig adressierten Briefumschlag gesteckt zu haben und übersah so – falsch programmiert –, daß die beiden Skripten vor mir auf dem Schreibtisch lagen und bei all der Sucherei vielmals zur Seite gelegt worden waren. Es ist doch erschütternd, wie sehr die Sinneswahrnehmung von der Erwartung eingeschränkt wird.«

19. Ein Beispiel für »Begabung«: absolutes Tongehör

Was ist eigentlich Begabung? Diese Frage ist in den letzten Jahrzehnten leidenschaftlich diskutiert worden. Wird dem Menschen eine besondere Begabung, etwa für Musik, für Malen und Zeichnen, für sportliche Leistungen, für Mathematik, für fremde Sprachen oder auch für Intelligenz und Klugheit wie ein Geschenk in die Wiege gelegt? Oder sind alle Neugeborenen gleich veranlagt, und erst die Eltern, Geschwister, Erzieher und Lehrer legen die Fundamente, auf denen sich besondere Fähigkeiten entwikkeln?

Begabung oder Talent ist im allgemeinen Sprachgebrauch einfach die Voraussetzung, die wir aus der Kindheit mitbringen, für den späteren Erwerb von Fähigkeiten – zunächst unabhängig davon, ob und wieweit dafür Erbanlagen oder frühe, womöglich unbewußte Eindrücke oder Prägungen die Grundlage sind. Eine Begabung kann man pflegen, sie kann sich entfalten oder unentwickelt bleiben. Wenn man über den Begriff der Begabung näher nachdenken und dabei nicht »ins Schwimmen« geraten will, ist es günstig, sich anfangs an einem möglichst unverfänglichen Beispiel zu orientieren. Hierzu sei nicht die intellektuelle Begabung gewählt, sondern die Sonderbegabung des absoluten Tongehörs. Sie ist selten, und sie ist für die meisten Menschen von geringer Bedeutung. An sie knüpfen sich keine weltanschaulichen und ethischen Aspekte wie an die Intelligenz. Darum läßt sich an ihr die Frage – was ist eigentlich Begabung? – leidenschaftslos erörtern.

Wir Menschen können Tonhöhen unterscheiden, wenn zwei Töne unmittelbar nacheinander erklingen. Die Absoluthörer haben darüber hinaus die Fähigkeit, die genaue Höhe von Tönen beliebig lange im Gedächtnis zu behalten. Diese Fähigkeit kann sich schon in der Kindheit zeigen. Ein kleines Mädchen hatte sehr jung Klavier zu spielen begonnen. Die Eltern machten eines Tages mit der Vierjährigen einen Besuch bei Freunden. Die Freunde besaßen ein Klavier, und die Kleine wurde daran gesetzt, um ihre Künste zu zeigen, was sie auch gern tun wollte. Aber kaum hatte sie ein paar Töne angeschlagen, weigerte sie sich weiterzuspielen – mit der Begründung: »Die Töne sind falsch.« Zunächst wußte niemand Rat. Aber später stellte sich heraus: Das Klavier war um etwa einen Viertelton tiefer gestimmt als das gewohnte Instrument. Hier hatte sich in früher Kindheit die Begabung des absoluten Gehörs offenbart. Aus dem Mädchen wurde später eine weltbekannte Cellistin, und ihr Absoluthören hat sich über Jahrzehnte erhalten. Manchmal gereicht ihr das zum Vorteil, manchmal aber auch zum Nachteil: Nutzen bringt ihr das Absoluthören natürlich beim Stimmen ihres Instrumentes. Sie hat gleichsam eine natürliche Stimmgabel in sich. Höchst unangenehm ist es ihr aber, wenn sie mit einer altehrwürdigen Orgel zusammenspielen muß, die um einen halben Ton tiefer als heute üblich gestimmt ist, was man bekanntlich nicht ändern kann. Das Cello entsprechend tiefer zu stimmen, macht keine Schwierigkeiten. Ihr Ohr aber meldet unbelehrbar: Die Stimmung ist zu tief! Und die Cellistin leidet während des ganzen Konzerts.

Über das absolute Gehör ist die Meinung verbreitet, es sei in der Regel mit hoher Musikalität gekoppelt. Nun haben viele hochmusikalische Kinder, das weiß man, schon in der Kindheit viel Musik gehört. Könnten es nicht vielleicht diese frühen Erfahrungen sein, die das absolute Tongehör in den sich entwickelnden Geist des Kindes einprägen? Wir können diese Frage heute noch nicht schlüssig entscheiden. Aber zwei Befunde, die jüngst von den Schwestern Annemarie und Brigitte Ott* in Freiburg in einer humanbiologischen Untersuchung erhoben wurden, sprechen für eine andere Möglichkeit.

Vom ersten Befund ist schnell berichtet: Unter den Absoluthorern, die in der Untersuchung zutage kamen, befanden sich zwei, die der Notenschrift unkundig waren. Für die Entstehung des absoluten Gehörs ist also der Weg über die Augen entbehrlich. Die beiden hatten übrigens keine Ahnung, daß sie über diese seltene Begabung verfügten, und hätten ohne den Test vermutlich nie etwas davon gemerkt.

Der zweite Befund knüpft sich daran, daß um die Jahrhundertwende ein Physiologieprofessor an der Freiburger Universität lehrte, der sich besonders durch seine Forschungen über Sinnesorgane einen Namen gemacht hat. Da er die Gabe des absoluten Gehörs besaß, hat er auch über diese seine eigene Fähigkeit eine wissenschaftliche Arbeit veröffentlicht.

In einer der Freiburger Schulklassen, deren Schüler damals auf ihre Tonunterscheidungsfähigkeit untersucht wurden, befand sich ein Junge mit herausragend gutem Tongehör, weit besser als alle Klassenkameraden; er trug denselben Nachnamen wie der eben genannte Physiologieprofessor. Weitere Nachforschungen ergaben erstens, daß auch der Vater des Schülers im Absoluthörtest hervorragend abschnitt, und zweitens, daß dieser Vater ein Neffe des genannten Professors war. Also die gleiche seltene Befähigung beim Großonkel, beim Vater und beim Sohn! Hierfür den Zufall zur Erklärung zu bemühen, wäre eine Zumutung; vielmehr drängt sich der Eindruck auf, daß eine erbliche Veranlagung den Ausschlag gibt.

Das Beispiel des absoluten Tongehörs kann uns lehren: Es ist denkbar, daß nicht nur körperliche Eigenschaften wie die Hautfarbe, sondern auch geistige Eigenschaften eine angeborene Grundlage haben. Aber ebenso wird hier die Rolle der Umwelt deutlich: Ohne entsprechende Anregung ist diese Spezialbegabung für den Einzelmenschen, der sie besitzt, ohne jede Bedeutung, ja sie kann im Extremfall sogar unentdeckt bleiben. Daß dies in der beschriebenen Untersuchung deutlich wurde, macht das absolute Tongehör zu einem besonders geeigneten einführenden Beispiel für das Begabungsproblem.

20. »Alles, was du bist, verdankst du mir!«

Herzog Karl Eugen von Württemberg, bekannt als Begründer der Karlsschule mit so berühmten Schülern wie Friedrich Schiller und Georges Cuvier, wählte den Sohn eines seiner Stallknechte, Johann Heinrich Dannecker, für ein Kunststudium aus und bezahlte ihm ein achtjähriges Stipendium in Paris und Rom. Schließlich holte er den Dreißigjährigen zurück ins Schwabenland nach Stuttgart; und dort wurde Dannecker dann zum berühmten Bildhauer. Wer von seinem Namen und seinem Schaffen nichts gehört zu haben meint, der kennt doch zumindest eines seiner Werke: Wollen wir uns vorstellen, wie Friedrich Schiller ausgesehen hat, dann tritt vor unser geistiges Auge zumeist eine bestimmte Büste aus weißem Marmor, und diese stammt von Johann Heinrich Dannecker. Schiller und Dannecker waren Schulfreunde in der Karlsschule.

Als nun der dreißigjährige Dannecker aus der Weltstadt Rom, wo er am liebsten noch weiter geblieben wäre, auf Geheiß des Herzogs in das provinzielle Stuttgart zurückgekehrt war, tat der Herzog ihm gegenüber – so wird berichtet – den Ausspruch: »Alles, was du bist, verdankst du mir!« Diese Behauptung reizt zum Widerspruch, gleich ob sie ernst gemeint war oder nur einer selbstgerechten Aufwallung entsprang – alles wehrt sich in uns, ihr zuzustimmen: Des Herzogs Gunst und die Studiermöglichkeiten haben in Dannecker doch nur deshalb einen so bedeutenden Künstler hervorgebracht, weil in ihm eine so ungewöhnliche *Begabung* steckte. Immanuel Kant sagte: »Das Genie ist ein Günstling der Natur« – und wir können hinzufügen: aber kein Produkt herzoglicher Stipendiengelder. Von dem Ausspruch:

»Alles, was du bist, verdankst du mir!«, scheint also unter diesem Blickwinkel nichts übrigzubleiben.

Doch wollen wir uns besinnen: Karl Eugen hatte – falls sein Ausspruch wirklich gefallen ist – eigentlich auch recht, zumindest wenn man die Dinge folgendermaßen ansieht: Wäre Johann Heinrich Dannecker wie sein Vater Stallknecht geblieben, und hätte er Tag für Tag von Sonnenaufgang bis Sonnenuntergang mit den Pferden zu tun gehabt, hätte ihn also sein Landesherr nicht acht Jahre lang nach Paris und Rom geschickt, so hätte er sein Talent womöglich nie und nimmer entfalten können. Vielleicht hätte er den Schulkindern ausdrucksvolle Schneemänner gebaut und seiner kleinen Tochter goldige Puppen geschnitzt. Aber seine künstlerische Entfaltung im Wechselspiel und Austausch mit der künstlerischen Welt seiner Zeit wäre ihm gewiß versagt geblieben.

So ungewohnt uns diese Denkfigur auch scheinen mag, wir müssen anerkennen: *Eine* Gegebenheit – Danneckers künstlerische Leistung – hatte eben doch wohl *zwei* Voraussetzungen, die man nicht wegdenken kann – geniale Begabung *und* äußere Förderung. Der reife Künstler verdankt *alles* seiner Begabung, und er verdankt auch den äußeren Entfaltungsbedingungen *alles*.

Dieser Formulierung kann man einerseits zustimmen, andererseits muß sie stutzig machen: Ist es nicht eigentlich unlogisch, von *zwei* Gegebenheiten zu sagen, man verdanke jeder von ihnen *alles* – auch wenn man es damit begründet, daß das Fehlen jeder der beiden Bedingungen zum Ergebnis Null geführt hätte? Hier sollte logische Klarheit herrschen. Daher sei an dieser Stelle eine Erörterung eingefügt, deren Thema lautet: Kleine Einführung in die Logik des Zusammenwirkens *zweier* unterschiedlicher Gegebenheiten zu *einem* Endergebnis.

21. Zusammenwirken zweier unterschiedlicher Gegebenheiten zu einem Endergebnis

Die in der Überschrift dieses Abschnitts enthaltene Frage soll zunächst rein formal abgehandelt werden. Grund dafür ist eine gedankliche Schwierigkeit, die sich häufig bei der Erörterung von Problemen wie der Umweltabhängigkeit der Entfaltung von Begabungen (und damit auch der Intelligenz) bemerkbar macht und sich erfahrungsgemäß überaus störend auswirken kann. Die Grundfrage lautet: Nach welchem Formalismus vollzieht sich das Zusammenwirken zweier ihrer Natur nach unterschiedlicher Gegebenheiten, wenn aus diesem Zusammenwirken ein in sich einheitliches Ergebnis hervorgeht? Drei besonders einfache Möglichkeiten sollen beschrieben werden; sie umfassen allerdings keineswegs die unübersehbare Vielfalt der vorkommenden Formen der Wechselwirkung.

Summation. Zwei unterschiedliche Gegebenheiten können trotz ihrer Verschiedenheit, zum Beispiel unterschiedlicher Herkunft, als Summanden wirken und eine Summe bilden: Das Licht, das bei einer nächtlichen Waldwanderung auf unseren Weg fällt, summiert sich aus dem Sternenlicht und dem des Mondes.

Subtraktion. In anderen Fällen bilden zwei Komponenten eine Differenz: Was wir von unserem Kirschbaum an Kirschen ernten, ist eine Differenz aus dem, was der Kirschbaum mit Hilfe der Bienen hervorbringt, und dem, was die Stare von den ihnen durchaus gegönnten Früchten verzehren. Wohlbemerkt: Wir bilden keine Differenz »Bienen weniger Stare« (denn beide Komponenten müssen dieselbe Dimension haben), sondern Kirschen, die von Bienen durch Bestäubung zur Entstehung gebracht sind, abzüglich der von den Staren verzehrten Früchte.

Kooperation. Eine dritte Art und Weise des Zusammenwirkens zweier Gegebenheiten ist die Kooperation, und ein typisches Beispiel dafür ist die Beziehung zwischen *Potenz* und *Realisator*. Das Können eines Klaviervirtuosen ist als Gegebenheit eine Potenz. Zur Ausübung seiner Fähigkeit, also zu den Realisationsbedingungen, gehört eine zweite Gegebenheit: ein Instrument, auf dem er spielen kann. Ohne das Instrument bleibt die Potenz Möglichkeit, sie verwirklicht sich nicht. Nur Potenz *und* Realisator bringen die Verwirklichung zustande.

Ein ganz andersartiges, aber allgegenwärtiges Beispiel für die Beziehung zwischen Potenz und Realisator bietet das Organismenreich mit der befruchteten Eizelle, aus der ein lebender Organismus hervorgeht. In der Erbsubstanz, im Genotyp*, sind in Form von Entwicklungsbefehlen alle Eigenschaften repräsentiert, die der fertige Organismus in seinem Erscheinungsbild (Phänotyp*) aufweisen kann. Diese Eigenschaften sind im Erbgut als Potenzen angelegt. Zur Verwirklichung der Möglichkeiten ist als Realisator die Umwelt zuständig, die alle Stoffe und die Energie liefert, die der Keim zur Entwicklung benötigt.

Die Logik der Beziehung zwischen Potenz und Realisator steckt im Assoziationsgehalt der beiden Wörter: Die realen Produkte, wie das gespielte Klavierstück oder ein herangewachsener Organismus, verdanken ihre Existenz und ihre Qualität der Potenz *und* der Realisation: Keines darf fehlen. Die Potenz allein oder der Realisator allein bringen das Werk nicht zustande. Der logische Zusammenhang ähnelt also eher dem der *Multiplikation*, bei der ja der Betrag Null eines der Faktoren genügt, um das ganze Produkt zu Null werden zu lassen, so groß auch der andere Faktor ist. Bei der Bildung einer *Summe* kann dagegen einer der beiden Summanden auch einmal Null werden, ohne daß damit die anderen Wirkungen ihren Einfluß auf das Endergebnis verlieren. In unserem Beispiel vom Nachthimmel: Wenn Neumond herrscht, wenn also eine der Komponenten ganz fehlt, bleibt der Sternenschein wirksam. Beim Verhältnis zwischen Potenz und Realisator aber gewinnt die eine Komponente erst die Möglichkeit zur eigenen Wirksamkeit aus der Wirksamkeit der anderen, und das wechselweise.

Fragen wir jetzt für unser Beispiel von Herzog Karl Eugen und Dannecker (Abschnitt 20) nach dem Zusammenwirken von Begabung und Umwelt, so lautet die Antwort: Hier herrscht nicht die Summation und nicht die Subtraktion, sondern Begabung und Umwelt verhalten sich wie Potenz und Realisator. Darum ist es tatsächlich logisch richtig und entspricht der Wirklichkeit: Dannecker verdankte *alles* seiner Begabung, und er verdankte zugleich *alles* der äußeren Förderung; denn *beide* Faktoren waren unerläßlich.

Übrigens: Ist Karl Eugens Ausspruch nicht vielleicht falsch überliefert worden? Womöglich hat er in Wirklichkeit gesagt: »Dannecker, du Günstling der Natur, ich bewundere dein Talent; und ich freue mich meines bescheidenen, aber vielleicht unentbehrlichen Beitrags, besonders aber auch meines Fingerspitzengefühls, gerade dir und deiner besonderen Begabung zur Entfaltung verholfen zu haben.«

22. Die Ungleichheit der Intelligenz und das Ideal der Gleichheit

Daß es unter den Menschen unterschiedliche Begabungen für unterschiedliche Fähigkeiten gibt, ist eine Binsenweisheit – ebenso, daß verschiedene Berufe unterschiedliche Begabungen voraussetzen und daß Angehörige unterschiedlicher Berufe verschieden viel Geld verdienen und verschiedenes Sozialprestige genießen. Beispielsweise verdienen junge Menschen zur Zeit schwindelerregende Summen als erfolgreiche Künstler, vor allem als Sänger in der Unterhaltungsbranche, oder als Spitzensportler, vor allem im Fußball und Tennis. Intellektuelle Hochbegabung führt zur Zeit besonders bei Spitzenfunktionären der Wirtschaft, der Politik und im ärztlichen Berufsfeld zu hohem Verdienst und zugleich zu hohem Ansehen. Die in all dem zutage tretenden Ungleichheiten leiten sich zum Teil von unterschiedlichen körperlichen und geistigen Begabungen her. Unabhängig von der Frage, wieweit sich diese von unterschiedlichem Erbgut oder von unterschiedlichen frühkindlichen und späteren Umweltbedingungen herleiten, fragt man: Wie verhält sich die Unterschiedlichkeit von Begabungen, vor allem hinsichtlich der Intelligenz, zum Ideal der Gleichheit?

Die Französische Revolution mit ihren Forderungen nach Freiheit, Gleichheit, Brüderlichkeit richtete sich zwar – soweit es die Gleichheit betraf – primär vorwiegend gegen die Ungleichheit vor dem Gesetz, die sich von der Geburt aus adligem oder nichtadligem Stand herleitete. Wenn sich heute von Persönlichkeitseigenschaften wie der Intelligenz, die ja der einzelne an sich selbst nicht tiefgreifend ändern kann, ebenfalls Rangprivilegien von großer Bedeutsamkeit ableiten, so ist es verständlich, wenn sich auch dagegen im Menschen etwas wehrt. Ja, er kann sich dadurch in seiner Menschenwürde verletzt fühlen. Als vor Jahren in den USA bekannt wurde, daß Schwarze in Intelligenztests durchschnittlich schlechter abschnitten als Weiße, und als man dies als biologische Rasseneigenschaft und nicht als Ergebnis der sozial bedingten schlechteren Bildungsbedingungen auffaßte, erhob sich ein Sturm der Entrüstung nicht nur bei der dunkelhäutigen Bevölkerung. Auch hier wehrten sich die Menschen, wie die ersten Kämpfer der Französischen Revolution, gegen das Postulat einer *geburtbedingten Ungleichheit.*

Die Wissenschaft vom Menschen, die Anthropologie, ist gehalten, Sachaussagen ebenso wichtig zu nehmen wie aus der Humanität entwickelte Postulate. Beim Thema »Die Ungleichheit der Intelligenz und das Ideal der Gleichheit« steht sie vor einer Herausforderung und muß nach Wegen suchen, ihr zu begegnen.

Auf der einen Seite ist es einfach nicht abzuleugnen, daß im Intelligenzgrad zwischen den Menschen Unterschiede bestehen. Wenn jemand diese Kenntnis und deren Berücksichtigung im Schul- und Bildungswesen unterdrücken wollte, so könnte er gerade heute keinesfalls darauf hoffen, damit Erfolg zu haben. Im Gegenteil: Für die Hochbegabten unter den Kindern, für deren Förderung in besonderen Einrichtungen man sich im Osten schon längst einsetzt, beginnt man sich jetzt auch zunehmend im Westen zu interessieren.

Auf der anderen Seite gehört es zu den Werten der Humanität und ist in vielen Verfassungen niedergelegt: Das Recht zur Entfaltung der Persönlichkeit kommt allen Individuen im gleichen Maße zu, unabhängig von Religion, Hautfarbe und sonstigen Eigenschaften, also auch unabhängig vom Intelligenzgrad. Da aber gerade ein unterschiedlicher Intelligenzgrad für bestimmte Ungleichheiten der Chancen mitverantwortlich ist, entsteht verständlicherweise der Wunsch, solche Unterschiede zu beseitigen.

Diesem Impuls entsprang vor Jahren in den USA das mit Hunderten von Millionen Dollar finanzierte Head-Start-Programm: Mit seiner Hilfe sollten die Bildungsunterschiede der verschiedenen Bevölkerungsschichten bereits im Kindergartenalter ausgeglichen werden. Diesem Programm verdanken die deutschen Fernsehzuschauer unter anderem die Sendereihe »Sesamstraße«. Als Ergebnis hat sich aber gezeigt: Vielleicht haben sich die Bildungsunterschiede in der Bevölkerung ein wenig vermindert. Von einem Ausgleich aber kann keine Rede sein – und hierfür besteht auch nicht die geringste Aussicht. Ja, wir müssen, ob wir wollen oder nicht, definitiv damit rechnen, daß es unter den Menschen Unterschiede der schulischen Leistungsfähigkeit gibt, die sich auf absehbare Zeit nicht ausgleichen lassen und die ihren Einfluß auf die Chancen der einzelnen Menschen in Ost und West behalten werden. Mit dieser Erkenntnis müssen wir leben.

Wie kann man den Widerspruch zwischen der tatsächlichen Ungleichheit und dem Ideal der Gleichheit so verarbeiten, daß er der Wissenschaft *und* der Menschenwürde gerecht wird? Ein erster Schritt zur Lösung dieses Problems liegt in der Einsicht: Jedes *Rangstufendenken* führt bei Menschen – zumindest bei den unter dem Durchschnitt Liegenden, und das ist innerhalb jeder Gruppe die Hälfte – um so eher zum Verlust ihrer Selbstachtung und damit ihres wichtigsten Lebensimpulses, je mehr es um den Kern der Persönlichkeit geht.

Man stelle sich ein Gedankenspiel vor: Hundert Menschen würden auf irgendeine bestimmte Fähigkeit bewertet – auf Musikalität oder Kopfrechnen, auf sprachlichen Ausdruck oder handwerkliche Geschicklichkeit, auf Reitenkönnen oder schauspielerisches Talent –, stets würde eine Rangordnung herauskommen, zwar jedesmal eine andere, aber immer müßte sich die eine Hälfte der Teilnehmer als zur schlechteren Hälfte gehörig, als »unterdurchschnittlich« eingestuft erfahren. Jeder zweite müßte sich also, sofern ihm das Ganze nicht gleichgültig ist, weniger geachtet, weniger wertvoll vorkommen. Eine beklemmende Ungleichheit wäre in Erscheinung getreten, ganz gleich, welche Fähigkeit bewertet wurde.

Gibt es eine Alternative zu dem Verfahren, alle Beteiligten auf *ein und dieselbe* Fähigkeit zu testen? Die Frage ist zu bejahen.

Man könnte bei jeder der hundert Personen danach suchen, welche unter deren Fähigkeiten *am besten entfaltet sei,* vielleicht ist es eine handwerkliche, eine künstlerische, eine intellektuelle, eine soziale oder eine sportliche. Es ist kaum abzusehen, was hierbei alles zutage kommen würde. Jedenfalls würden die meisten Teilnehmer irgend etwas zu bieten haben, womit sie im Vergleich zu den anderen in der Spitzengruppe lägen, was ihnen also Wertschätzung von seiten der anderen einbringen und sie zu einer Bejahung ihrer selbst führen könnte. Auch dieses Verfahren beruhte auf einer Leistungsbeurteilung. Es führte aber zu keiner Rangordnung, sondern im Idealfall zur Achtung und Förderung jedes einzelnen durch alle anderen. Kaum einer wird entwertet oder entmutigt; denn so gut wie jeder hat mindestens in *einer* Befähigung etwas Besonderes aufzuweisen, und danach wird gefragt. Die Bewertung erfaßt bei jeder Person deren Bestes, stellt sie aber in keine Rangordnung.

Das eben beschriebene Gedankenspiel von den beiden Bewertungsarten der hundert Personen läßt sich nun auch auf den Bereich der Intelligenz anwenden: Wer das zahlenmäßige Bewerten der Intelligenz in den Mittelpunkt rückt, sei es mit Hilfe von Intelligenztests oder mit Schulnoten, der ordnet Menschen nach Rangstufen. Diese Betrachtungsweise engt erstens die *Vielfalt* der Intelligenz auf das Meßbare ein. Sie lenkt zweitens die Aufmerksamkeit unweigerlich auch auf die Position derjenigen Menschen, denen wegen geringeren Intelligenzranges bestimmte Lebenserfolge verwehrt bleiben; denn jedes Rangstufenwerten ordnet ja die Menschen zwangsläufig je zur Hälfte in Überdurchschnittliche und Unterdurchschnittliche und womöglich auch in Privilegierte und Unterprivilegierte, zumindest soweit Berufszugänge an Zeugnisnoten gekoppelt sind. Die Ungleichheit der Intelligenz bekommt erst durch das Rangstufendenken den Charakter eines Gebrechens der Menschheit. Man kann es nachfühlen, wenn sich daraufhin wertbewußte Menschen durch das Ideal der Gleichheit aufgerufen fühlen, gegen die durch angeborene Intelligenzunterschiede bedingte Ungleichheit zu Felde zu ziehen.

Aus dieser Sichtweise kann man sich aber lösen und die Ungleichheit der Intelligenz bejahen, wenn man statt deren ohnehin eingeschränkter Meßbarkeit die Vielfalt der Begabungen ins Zentrum der Betrachtung rückt. Das ist keine neuartige oder utopische Forderung: Es gehört seit jeher zum Berufsbild beispielsweise des Grundschullehrers, daß er bei jedem Kind mindestens eine Eigenschaft sucht und entwickelt, die von ihm und den anderen als etwas Besonderes anerkannt wird und über die sich das Kind in kindlichem Stolz freuen kann. Aus gutem Grund wurden daher im Abschnitt 9 und 12 die vielfältigen, funktionell voneinander unabhängigen Teilprozesse der Intelligenzleistungen genannt – Beobachtungsgabe, Gedächtnis, produktive Phantasie, Gedankenreichtum, logisches Folgern – und an die so grundverschiedenen Intelligenzrichtungen erinnert, die wir als theoretische, sprachliche, praktische, als soziale und pädagogische Begabung unterscheiden. Noch viel größer wird diese Vielfalt, wenn wir an verschiedene *Kombinationen* dieser Begabungsrichtungen im einzelnen Menschen denken.

In solcher Sicht ist die Ungleichheit der Begabungen unter den Menschen kein Gebrechen mehr, sondern Vielfalt und Reichtum. Diese Art der Ungleichheit bietet die Chance, in jedem Menschen solche Begabungen zu erkennen und anzuerkennen, die ihn besonders auszeichnen, ohne ihn dadurch anderen im Rang über- oder unterzuordnen. Dieser Weg eröffnet die Möglichkeit zu gleicher Achtung für alle Menschen hinsichtlich ihrer persönlichen, unverwechselbaren Intelligenzstruktur – ein Nebeneinander anstelle eines Über- und Untereinanders von Rangstufen. Kaum jemand dürfte dann noch auf die Idee kommen, das Ideal der Gleichheit fordere es, eine solche Vielfalt gleich bewerteter Erscheinungen einzuebnen oder zu verleugnen.

23. Intelligenz-Messung: der IQ

In seiner Schrift »Metaphysische Anfangsgründe der Naturwissenschaften« schrieb Immanuel Kant, daß »in jeder besonderen Naturlehre nur so viel eigentliche Wissenschaft angetroffen werden könne, als darin Mathematik anzutreffen ist«. Dem Anliegen, auch den Begriff der Intelligenz wissenschaftlich, also mathematisch zu begründen, entsprach die Bildung des Intelligenzquotienten, den man mit Hilfe von Intelligenz-Tests gewinnt. Die Lehre von den IQ-Tests ist eine hochdifferenzierte eigene Wissenschaft, über die man sich durch geeignete Lehrbücher – auch Taschenbücher – leicht ausführlich informieren kann.

Als typisches Einzelproblem für Intelligenztests wird von dem weltweit anerkannten Experten dieses Gebiets, H. J. Eysenck, die Abbildung 18 verwendet. Man soll in der Anordnung der oberen 8 Dreiergruppen von Dreiecken, Quadraten und Kreisen etwaige Gesetzmäßigkeiten erkennen, und man soll dann aus der Anwendung dieser Gesetzmäßigkeiten den Schluß ziehen, welche von den untenstehenden Dreiergruppen (Nr. 1 bis 6), wenn man sie in das leere Quadrat einsetzte, den zuvor erkannten Regeln genügen würde. Über Abbildung 18 schreibt Eysenck* (Übersetzung aus dem Englischen): »Die Abbildung zeigt eine typische Matrix-Testaufgabe, deren Lösung kein erworbenes Wissen erfordert. Der obere Teil zeigt eine 3 × 3-Anordnung (Matrix*) aus Dreiergruppen geometrischer Figuren und einer Leerstelle. Die richtige Lösung ist aus den sechs Mustern am Fuße der Abbildung auszuwählen; deren Nummer ist in das leere Quadrat einzutragen. Die Abbildung enthält alle für die Problemlösung notwendigen Elemente; kein Vorwissen ist erforderlich außer natürlich, wie man einen Bleistift hält, mit ihm schreibt oder was die Ziffern von 1 bis 6 bedeuten. Tests wie diesen kann man sehr leicht und sehr schwierig gestalten; sie haben sich als hervorragendes Mittel zur Intelligenzmessung erwiesen.«

Dem Leser sei nun empfohlen, nach dem Lesen dieses Absatzes von H. J. Eysenck zunächst innezuhalten, nicht weiterzulesen und zu versuchen, das in Abbildung 18 dargestellte Problem zu erkennen, die Lösung zu finden und, sei es in Gedanken oder tatsächlich, die Lösungszahl, die zwischen 1 und 6 liegt, in das leere Quadrat einzutragen.

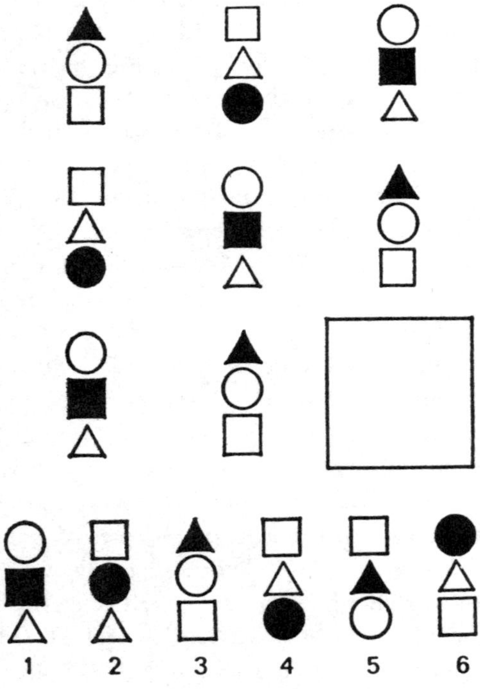

Abb. 18: Typische Einzelaufgabe aus einem Intelligenztest (nach H. J. Eysenck* 1981). Besprechung der Lösung Seite 118, Absatz 2ff.

Man darf von Intelligenztests nicht erwarten, daß sie allen Teilbereichen der Intelligenz, wie sie in den ersten Abschnitten dieses Buches beschrieben wurden, gerecht werden können. Insbesondere die produktive Phantasie, der Einfallsreichtum, also die eher künstlerischen Komponenten der Intelligenz, lassen sich nur schwer durch Tests erfassen. Dazu trägt eine eben genannte, kaum vermeidbare Eigenschaft von Intelligenztests bei, ihre zeitliche Begrenzung. Schon um Intelligenztests praktisch durchführbar zu machen, ist für jeden Testteil eine bestimmte Anzahl von Minuten vorgesehen. Und jeder, der einmal einen IQ-Test ablegen mußte, wird sich erinnern, wie präzise jeweils das Kommando, jetzt den Bleistift aus der Hand zu legen, befolgt werden mußte. In einem definierten zeitlichen Rahmen kann sich aber etwaiger Einfallsreichtum nur schwer ausprägen; denn wie jeder weiß, läßt sich gerade die richtige Idee, um ein schwieriges Problem zu lösen, vielfach nicht auf Befehl herbeiführen. Von zwei zur Lösung der gestellten Aufgaben genau gleich fähigen Prüflingen, die aber verschieden schnell zum Ergebnis kämen, würde der schnellere im IQ-Test mehr Punkte erreichen und daraufhin als der intelligentere gelten.

Aus diesem und vielen anderen Gründen geben Intelligenztests nur über einen Teil dessen Auskunft, was sich im Leben als geringere, hohe oder höchste Intelligenz auswirkt. Die »Test-Intelligenz« entspricht nur zum Teil der tatsächlichen Intelligenz, wie sie zu Beginn des Buches charakterisiert wurde. Dreht man aber den Spieß um und definiert: Intelligenz sei, was der Intelligenztest mißt, so ignoriert man diejenigen Anteile der Intelligenz, die von den heutigen Intelligenztests weniger oder gar nicht erfaßt werden (oder überhaupt in keinem durchführbaren Test zum Ausdruck kommen können). – Im folgenden wird entsprechend diesen Erörterungen zwischen der »Test-Intelligenz« (= Ergebnis von Intelligenztests) und der Intelligenz als Gesamterscheinung unterschieden.

Die Begrenztheit der Aussagen der Intelligenztests zeigt sich auch darin: Der Schulerfolg eines Kindes hängt – statistisch gesehen – etwa zur Hälfte vom Intelligenztestergebnis ab, zur anderen Hälfte aber von solchen Faktoren, die sich im Intelligenztest nicht ausdrücken. Da der Schulerfolg seinerseits für den späteren Lebenserfolg auch nur unsichere Voraussagen gestattet, können wir sogar sagen: Weniger als die Hälfte des späteren Lebenserfolgs ergibt sich aus Faktoren, über die der IQ-Wert Auskunft gibt.

Für alle Leser, gleich, ob sie inzwischen die Testaufgabe der Abbildung 18 lösen konnten oder nicht, sei nun niedergeschrieben, welche Beobachtungen und Folgerungen angesichts der Abbildung 18 zur richtigen Antwort führen:

1. Jede der acht Dreiergruppen (Dreieck, Quadrat, Kreis) enthält eine schwarze und zwei weiße Figuren (= erste erkennbare Regel).

2. In jeder der waagerechten und senkrechten vollständigen Reihen von Dreiergruppen steht die schwarze Figur einmal oben, einmal unten und einmal in der Mitte (= zweite erkennbare Regel).

3. In der dritten (unvollständigen) waagerechten Reihe steht die schwarze Figur innerhalb einer der beiden Dreiergruppen (der linken) in der Mitte, in der anderen (der mittleren) oben (= erste Beobachtung).

4. In der rechten (unvollständigen) senkrechten Reihe steht ebenfalls die schwarze Figur innerhalb einer der beiden Dreiergruppen (der oberen) in der Mitte, in der anderen (der mittleren) oben (= zweite Beobachtung).

5. Ins leere Quadrat gehört wegen der Regel Nr. 2 und der Beobachtungen unter Punkt 3 und 4 eine Dreiergruppe, deren schwarze Figur unten steht (= erste logische Folgerung).

6. Diese Bedingung wird nur durch die Dreiergruppe Nr. 4 erfüllt. Daher ist die Ziffer 4 ins leere Quadrat einzutragen (= zweite logische Folgerung).

Ein genaueres Studium der Abbildung 18 zeigt allerdings: Sie enthält noch weitere Gesetzmäßigkeiten. Beispielsweise umfaßt jede Dreiergruppe ein Dreieck, ein Quadrat und einen Kreis. Diese Feststellung trägt allerdings zur Aufgabenlösung nicht bei. Ferner fällt auf: In den schräg einander gegenüberliegenden Ecken links unten und rechts oben steht das gleiche Muster; man könnte daraus folgern, die richtige Lösung bestände darin, daß auch in die rechte untere Ecke das gleiche Muster wie schräg gegenüber, also das Muster von links oben, gehörte; dies wäre Nr. 3. Das gilt aber nicht als richtige Antwort.

Daß zusätzliche Gesetzmäßigkeiten in die Abbildung eingearbeitet wurden, deren Kenntnisnahme nicht zur Aufgabenlösung beiträgt, hat seinen Grund darin, daß dadurch die Aufmerksamkeit abgelenkt werden kann, was die richtige Antwort erschwert. Diese kann dann als größere Leistung der Intelligenz gelten.

Die oben unter Punkt 1 bis 6 formulierten Beobachtungen und logischen Schlüsse gelten in der Intelligenz-Test-Theorie als typische Leistungen der Intelligenz. Sowohl die Richtigkeit als auch die Schnelligkeit des Problemlösens finden als Indikatoren für die gemessene Höhe der Intelligenz Anwendung. Dementsprechend besteht ein Intelligenztest aus zahlreichen Einzelaufgaben. Je mehr der Proband davon in einer festgelegten Zeitspanne richtig löst, desto höher ist der erreichte Testwert.

24. Entstehung eines Intelligenztests

Die Konstruktion und Anwendung eines Intelligenztests kann man sich folgendermaßen vorstellen:

1. Der Autor entwirft mehrere (zum Beispiel acht) Gruppen aus je etwa 15 Aufgaben. Die ersten Aufgaben jeder Gruppe sind jeweils leicht und schnell zu beantworten. Dann werden die Fragen allmählich immer anspruchsvoller und brauchen mehr Zeit zur Überlegung, um gelöst zu werden. Der Autor bestimmt die Anzahl von Minuten, die für jede der acht Fragegruppen zur Verfügung stehen soll.

2. Nun probiert der Autor den Test zum erstenmal aus. Manche Probanden* lösen nur wenige, manche sehr viele Fragen, die meisten halten sich in der Mitte. Zeichnet man eine Häufigkeitskurve über der Skala der Anzahl der gelösten Fragen, so steigt diese langsam an, erreicht einen Gipfel und fällt wieder ab (Häufigkeitsverteilungskurve am Beispiel von Körpergrößen: Abb. 19).

3. Im nächsten Schritt überprüft der Autor diese Häufigkeitskurve daraufhin, ob sie mit gleicher Steilheit ansteigt, wie sie wieder abfällt, ob also ihr Maximum in der Mitte einer symmetrischen Kurve liegt. Liegt das Maximum zu weit links, so macht er die Anfangsaufgaben leichter oder die Schlußaufgaben schwerer. Bei »rechtsschiefer« Verteilung versucht er das Gegenteil. Durch solche Veränderungen erreicht er es schließlich, daß die Häufigkeitswerte der Testergebnisse, über den Lösungszahlen aufgetragen, eine annähernd symmetrische Verteilungskurve bilden.

4. Der letzte Schritt besteht im Prinzip darin, daß den verschiedenen Lösungszahlen ihre IQ-Werte zugeordnet werden. Das

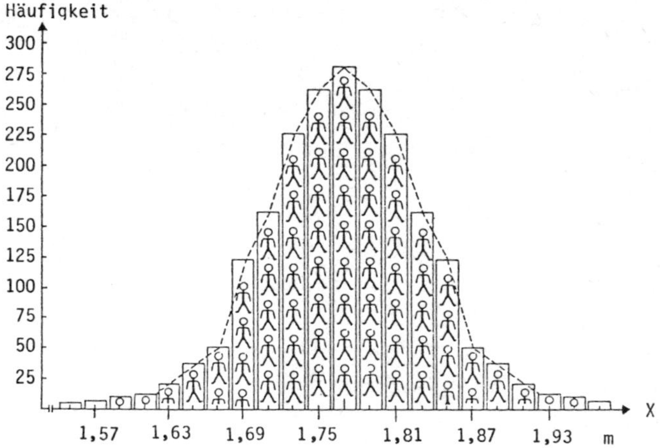

Abb. 19: Häufigkeit des Vorkommens der verschiedenen Körpergrößen junger Männer von zwanzig Jahren. Fiktives Beispiel für eine Häufigkeitsdarstellung (= Verteilungskurve). Nach Grubitzsch/Rexilius*, verändert.

geschieht nach folgender Vorschrift: Die mittlere Leistung, die auch am häufigsten vorkommt, wird definiert als IQ = 100. Um den mittleren Wert (IQ = 100) sind die anderen Werte »gestreut«. Wenn eine Streuung – was hier, wie beschrieben, nicht der Fall ist – rein durch Zufallsereignisse zustande kommt, so hat die Häufigkeitsdarstellung eine bestimmte mathematische Form: Sie heißt dann »Normalverteilung«, »Glockenkurve« oder »Gaußverteilung«. Außer dem Gipfelpunkt hat die Gaußkurve wie der Schnitt durch eine Glocke noch zwei weitere kennzeichnende Punkte in ihrem Verlauf: die Wendepunkte zwischen dem mittleren, nach oben gekrümmten Kurventeil und den jederseits anschließenden nach unten gekrümmten Abschnitten (siehe Abb. 20). Der waagerechte Abstand zwischen den Wendepunkten und dem Lot vom Gipfelpunkt auf die Abszisse wird als Maß für die Weite der Streuung (Standardabweichung*, Abkürzung s) verwendet.

Zu jedem Kurvenpunkt (bzw. kleinem Kurvenabschnitt) einer Gaußkurve gehört mathematisch eine bestimmte Häufigkeit der Einzelfälle, die (siehe Abb. 19) durch ihren Ordinatenwert* an dieser Stelle definiert ist. Jetzt wird die durch die Messungen im Test an vielen Personen gewonnene Häufigkeitsverteilung der jeweiligen Anzahl von gelösten Testaufgaben (siehe Punkt 2) gerade so in die Gaußkurve eingepaßt, daß die *gefundenen* Häufigkeiten den *theoretischen* Werten der Gaußkurve entsprechen. Hierzu muß die ursprüngliche Skala der gelösten Testaufgaben (siehe Punkt 2) möglicherweise in manchen Bereichen etwas gestaucht, in anderen vielleicht etwas gedehnt werden.

Jetzt liegt jede Anzahl gelöster Testaufgaben (wegen der Häufigkeit, mit der die jeweiligen Ergebnisse unter den Probanden erzielt wurden) unter einem bestimmten Punkt der Gaußkurve.

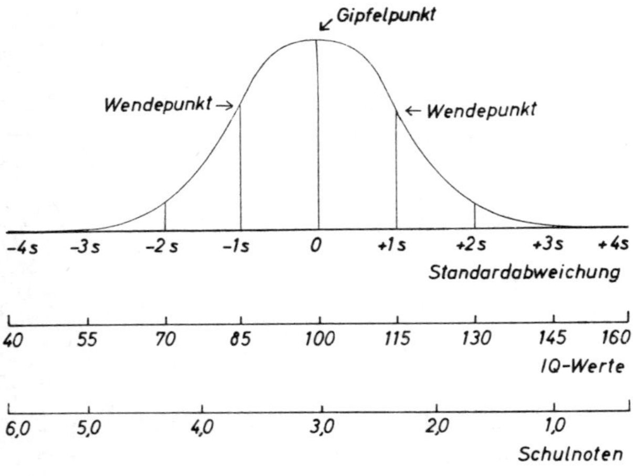

Abb. 20: Normalverteilung mit Angabe der Prozentanteile der Meßwerte, der Standardabweichung und deren Vielfachen, der IQ-Werte und der etwa entsprechenden Schulnoten. Die Gaußkurve erreicht bei ± 3 s den Wert 1,1% ihres Maximalwertes, bei ± 3,5 s den Wert 0,2% und bei ± 4 s den Wert 0,03%. Nach Grubitzsch/Rexilius, verändert.

An die Gaußkurve wird nun die Definition der IQ-Skala angeschlossen, und zwar dadurch, daß dem Abstand zwischen dem Gipfelpunkt und einem Wendepunkt (also der Streuung s) der Wert von 15 IQ-Punkten gleichgesetzt wird. Diese Festsetzung ist eine reine Konvention. Entsprechend sind alle anderen IQ-Werte definiert (siehe Abb. 20). Damit ist auch jeder Lösungsanzahl in dem jeweiligen Test ein IQ-Wert zugeordnet; die IQ-Skala ist für diesen Test »geeicht« und der Test ist anwendbar.

Führt man sich die verschiedenen Verfahrensschritte in der Entstehungsgeschichte eines Intelligenztests vor Augen, so kann man daraus folgern: Gemessene IQ-Werte beziehen sich nicht auf definierte Schwierigkeitsgrade gelöster Probleme (etwa vergleichbar mit den Schwierigkeitsgraden I bis VI von Kletter-Routen für Bergsteiger) oder sonstige Leistungsnormen, sondern sie geben an, um wie viele Punkte die gemessenen Ergebnisse über oder unter dem vorgefundenen gemessenen Durchschnitt in der Bevölkerung liegen. Die IQ-Skala würde sich daher gegenüber den Anzahlen der gelösten Aufgaben verschieben, falls sich im Laufe der Zeit die Durchschnittsergebnisse in der Bevölkerung oder der Eichstichproben änderten – eine Meßskalen-Eigenschaft, wie sie sonst in den Naturwissenschaften nicht vorkommt.

Ferner hat die IQ-Punkte-Skala wegen des Verfahrens ihres Zustandekommens keinen natürlichen Nullpunkt. Äußerlich zeigt sich das daran, daß ein IQ-Test-Prüfling, der aus irgendeinem Grunde in einer der Aufgabenreihen keine einzige Aufgabe löst (etwa weil er die Art der Aufgabe völlig mißverstanden hat), hierfür nicht etwa null, sondern in der Regel 50 bis 60 Punkte bekommt. Das liegt an der Art der IQ-Skala, deren Fixpunkt der Wert 100 ist: »60 Punkte« heißt daher eigentlich »40 Minuspunkte im Vergleich zum Durchschnitt«; daß dies gerade 40 und nicht etwa 20 oder 100 sind, liegt an der Eichung der IQ-Werte im Verhältnis zur Breite der Gaußverteilung und an der Form der Gaußkurve, die etwa bei dem dreieinhalbfachen Wendepunkt-Abstand vom Mittelwert schon praktisch den Wert null erreicht (genau: 0,2% des Maximalwertes, siehe Abb. 20).

25. Erbgut mal Umwelt

Wie schon im Abschnitt 21 erklärt, ist die Beziehung zwischen Erbgut und Umwelt eine *Kooperation*. Beide sind unentbehrlich, damit ein Lebewesen sich entwickeln kann. Dies gilt auch für jede einzelne erbliche Eigenschaft: Um sie auszubilden, ist die zuständige genetische Basis ebenso notwendig wie die Umwelt. Dieses kooperative Verhältnis wird in Abbildung 21 dargestellt: Das Erbgut ist dort durch das Symbol der Doppelhelix* veranschaulicht. Für die Realisierung eines Teils dieses genetischen Potentials besteht auf dieser Abbildung auch der zur Realisierung erforderliche Umwelteinfluß. Ein anderer Teil fehlt (»Defizit« der Umweltwirkung). Ein Anwendungsbeispiel ist die Länge erwachsener Menschen: Was sich maximal durch beste Umweltbedingungen erreichen läßt – z. B. hochwertige, reichliche Ernährung – ist von Mensch zu Mensch verschieden und für den einzelnen erblich festgelegt. Wieweit dieses Höchstmaß tatsächlich erreicht wird, hängt davon ab, wie viele der zur optimalen Realisierung der Erbmerkmale erforderlichen Umweltbedingungen vorhanden sind und wie viele fehlen.

Will man das Verhältnis von Erbgut und Umwelt logisch-mathematisch formulieren, so kommt die *Summation* nicht in Betracht. Dies läßt sich leicht von Abbildung 21 ablesen: Wo Erbfaktoren vorhanden sind, aber die zur Merkmalsausbildung erforderlichen Umweltbedingungen fehlen, bilden sich die erblichen Eigenschaften nicht aus. Würde es sich bei Erbgut und Umwelt um Summanden und bei deren Zusammenwirken formal um eine Summation handeln, so würde das Ergebnis beim Wirken nur eines der beiden Summanden (Erbgut) und beim Fehlen des

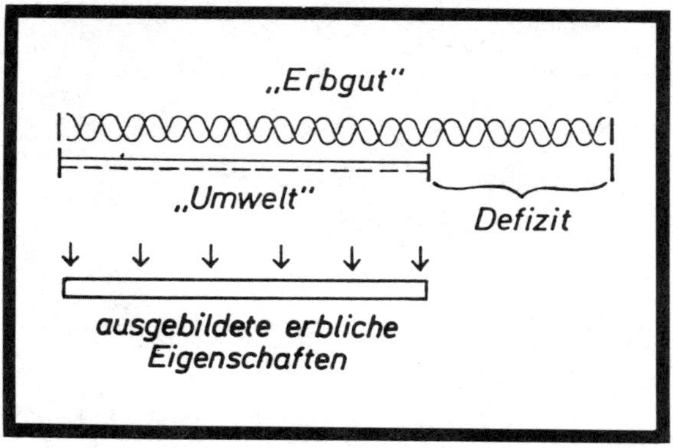

Abb. 21: Allgemeine Beziehung zwischen Erbgut und Umwelt: Nur solche Merkmale werden ausgebildet, für die außer der erblichen Anlage die erforderlichen Umweltbedingungen gegeben sind, zum Beispiel für Ernährung und Atmung. Weil, wie für diese Abbildung angenommen, ein Teil der Umwelteinflüsse fehlt (»Defizit«), hat sich auch nur ein Teil der an sich vorhandenen Erbfaktoren im Phänotyp* verwirklichen können.

anderen (Umweltbedingungen) nicht null sein, sondern dem vorhandenen Summanden entsprechen. Da dies aber, wie Abbildung 21 veranschaulicht, nicht der Fall ist, kommt die Summation als Beziehungsform zwischen Erbgut und Umwelt nicht in Frage.

Wenn nur beim Wirken *beider* Gegebenheiten ein positives Ergebnis erscheint, wie dies auf Abbildung 21 dargestellt ist, so kommt als einfachste mathematische Darstellung für diese Form des Zusammenwirkens die *Multiplikation* in Betracht. Dieser Formalismus gibt natürlich nur die Grundstruktur der Beziehung zwischen Erbgut und Umwelt wieder und müßte zur Beschreibung der tatsächlichen Verhältnisse sicherlich noch durch Konstanten und Faktoren ergänzt werden. Trotzdem soll diese Grundstruktur der Beziehung in einer Formel dargestellt werden.

Diese Formel lautet in Worten der Umgangssprache:

Ausgebildete Eigenschaft = genetische Grundlage × Umweltwirkung

bzw. in biologischen Fachausdrücken:

Phänotyp = Genotyp × Umwelt

und schließlich in mathematischen Zeichen:

$$P = G \times U. \tag{1}$$

Auf diese Formeln soll auch die Überschrift des Abschnitts hinweisen: »Erbgut *mal* Umwelt«.

Wenn die Beziehung (1) gilt, so heißt das auch: Es ist unmöglich, für eine erbgutabhängige Eigenschaft anzugeben, zu wieviel Prozent die genetische Grundlage und zu wieviel Prozent die Umwelt an ihrem Zustandekommen beteiligt ist; denn alle Prozentangaben setzen voraus, daß ihre vollständige Summe 100 Prozent beträgt. Auf Faktoren, die durch Multiplikation ihr Ergebnis erzeugen, ist die Prozentangabe nicht anwendbar. Dies gilt für alle kooperativen Zusammenhänge, wie sie in Abschnitt 21 geschildert wurden. Beispielsweise wäre es absurd, bei der künstlerischen Leistung eines Geigers fragen zu wollen, wieviel Prozent von ihr dem Spieler und wieviel Prozent der Güte des Instruments anzurechnen sind.

Man kann dagegen auf Abbildung 21 die *Eignung* der Umweltbedingungen und das *Defizit* der Umweltbedingungen in Prozentwerten ablesen. Angenommen, die *Länge* der aufgezeichneten Doppelhelix bedeute die genetische Grundlage für die bei bester Umweltwirkung erreichbare Merkmalsausprägung (z. B. Körperlänge), so könnte man bei einem Defizit der Umweltwirkung (wie in Abb. 21 angedeutet) an der geringeren Merkmalsausprägung (Körpermaß) ablesen, wieviel Prozent der bestmöglichen Umweltwirkung vorhanden waren und wieviel Prozent fehlten, um die *volle* Ausschöpfung der genetischen Möglichkeiten und damit die *volle* Ausbildung des Merkmals zu gewährleisten. Dieser Gedankengang wird im folgenden Abschnitt auf die Test-Intelligenz angewandt.

26. Wieviel Prozent der zu IQ-Unterschieden in der Bevölkerung beitragenden Erbanlagen kommen heutzutage zur Entfaltung?

Wir kennen zwar den Stoff, in dem sich unsere *Erbanlagen* ausdrücken, die DNS*. Von der DNS eines Lebewesens läßt sich aber (zumindest heute noch) nicht ablesen, welche Körpergröße oder welche testbare Intelligenzleistung in IQ-Punkten bei bester Umwelt erreichbar wäre. – Die Eignung der *Umwelt* zur Realisierung von Erbanlagen läßt sich vielleicht für die Erlangung verschiedener Körperlängen zahlenmäßig erfassen (als Nährstoffmenge), nicht aber für die Entwicklung der Intelligenz. – Wenn sich also weder Erbanlagen noch Umweltwirkungen einzeln messen und zahlenmäßig erfassen lassen, scheint es auf den ersten Blick aussichtslos zu sein, die in der Überschrift gestellte Frage nach dem derzeitigen Ausmaß des Defizits der Umweltwirkung, wie es in Abbildung 21 dargestellt ist, zu beantworten.

Es gibt aber einen Umweg, von dem man sich doch Ergebnisse verspricht, die man allerdings überaus kritisch überprüfen muß: Zwei beliebig (aus dem Adreßbuch) ausgewählte Menschen haben *durchschnittlich* einen IQ-Unterschied von 16,9 Punkten (dieser Wert ergibt sich daraus, daß die jeweils vorgefundene registrierte Testergebnis-Streuung, wie in Abschnitt 24 beschrieben, der IQ-Skala angepaßt wird. Er ist also ein *theoretischer* Wert, der aber durch Messungen auch um so genauer gefunden werden würde, je besser die zuvor beschriebene Eichung durchgeführt wurde). – Zwei *erbgleiche Zwillinge* (Abkürzung: EZ), die getrennt aufwuchsen, haben dagegen, wenn man die Ergebnisse aller bisherigen Untersuchungen zugrunde legt, einen viel geringeren Durchschnitts-IQ-Unterschied; er liegt zwischen 6 und 8,2 IQ-Punkten. (Das sind *gemessene* Werte, allerdings mit unterschiedlichen Tests und von verschiedenen Autoren. Trotzdem haben diese Zahlen eine so große Rolle in der Diskussion gespielt, daß sie auch hier verwendet werden sollen. (Wer sie für zu unsicher und zu schlecht begründet hält, als daß man überhaupt mit ihnen rechnen dürfte – diesen Standpunkt kann man für berechtigt halten –, der möge diese und die folgenden Abschnitte überspringen und auf S. 138 weiterlesen.) In der nachfolgenden Überlegung wird, weil sich daraus später (aus mathematischen Gründen) eine glatte Zahl für das Ergebnis der Überschriftsfrage ergibt, für getrennt aufgewachsene EZ ein durchschnittlicher IQ-Unterschied von 6,7 IQ-Punkten eingesetzt.

Wenn sich nun beliebige Leute in ihrer Intelligenz im Durchschnitt um 16,9 IQ-Punkte, erbgleiche Zwillinge (in unterschiedlicher Umgebung aufgewachsen) dagegen voneinander durchschnittlich um 6,7 IQ-Punkte unterscheiden, so bedeutet das zunächst: Wo Test-Intelligenz-Unterschiede nur auf Umweltunterschieden beruhen (bei den erbgleichen Zwillingen), sind sie kleiner, als wenn sie auf Umwelt- *und* Erbgutunterschieden beruhen. Durch Vergleich kann man dann die Einflüsse auf die Unterschiede aber auch berechnen und findet bei den eben verwendeten Zahlen (16,9 und 6,7) gerade das Verhältnis 2 : 1. (Die Beziehungen zwischen den IQ-Abständen und den errechneten Verhältniszahlen sind allerdings mathematisch kompliziert und werden daher hier nicht behandelt.) In Worten lautet dieses Ergebnis: Die gemessenen IQ-Unterschiede in der Bevölkerung beruhen etwa zu zwei Dritteln auf *Erbgutunterschieden* von Mensch zu Mensch und etwa zu einem Drittel auf *unterschiedlichen Mängeln* der umweltlichen *Entfaltungsbedingungen* der Erbanlagen. Hiermit gleichbedeutend ist die Aussage, die als Antwort auf die in der Abschnittsüberschrift gestellten Frage gelten kann: Am jeweiligen IQ gemessen, entfalten sich (unter Voraussetzung der Gültigkeit der EZ-Meßdaten) in der derzeitigen Schul- und Bildungswelt durchschnittlich *zwei Drittel* derjenigen IQ-relevanten Erbanlagen, die für IQ-Unterschiede in der Bevölkerung verantwortlich sind.

Aus den an erbgleichen Zwillingen gewonnenen Daten meinte man allerdings in den letzten Jahrzehnten in der Regel etwas ganz anderes herleiten zu können als den Prozentanteil der durchschnittlich durch die Umweltbedingungen realisierten IQ-relevanten Erbanlagen, nämlich die prozentuale Einflußnahme von Erb- und Umweltunterschieden auf die Intelligenzunterschiede in der Bevölkerung. Dies wird im übernächsten Abschnitt behandelt. Der nächste Abschnitt entwickelt hierfür einen vorbereitenden Gedankengang.

27. Beste Umwelt – geringster Umwelteinfluß auf interindividuelle IQ-Unterschiede

Man stelle sich eine »pädagogische Provinz« vor, in der jedes kleine Kind und jeder Schüler bestmöglich gefördert wird. Die Umweltwirkung sei also hundertprozentig. Alle Begabungspotenzen würden realisiert. In einer abschließenden IQ-Messung mit idealer Prüfungsmethodik ergäben sich trotzdem Unterschiede: gute, mittelmäßige und schlechte Ergebnisse. Diese IQ-Werte wären, da alle Begabungen durch optimale Förderung realisiert worden sein sollen, allein Ausdruck der *Begabungsunterschiede*.

Was würde man in einer solchen idealen Umwelt bei erbgleichen Zwillingspaaren finden? Nach den Voraussetzungen müßten erbgleiche Zwillinge, auch wenn sie in der »pädagogischen Provinz« getrennt und unabhängig voneinander aufwachsen, wegen der dort überall vorausgesetzten idealen Umwelt und wegen ihrer übereinstimmenden genetisch bedingten Begabung auch stets genau gleiche Prüfungsergebnisse zeigen.

Jetzt sei die Frage aufgeworfen: Wenn der IQ erbgleicher Zwillinge, die unter unseren derzeitigen Bildungsbedingungen, aber voneinander getrennt in verschiedenem Milieu aufwachsen, unterschiedlich ist (siehe Abschnitt 26), und wenn dies, wie beschrieben, auf Unterschieden der Umweltwirkungen beruht – wächst dann der Durchschnittsbetrag der so entstandenen IQ-Unterschiede mit der Verbesserung der Umweltbedingungen? Zieht man das eingangs geschilderte Gedankenexperiment einer »pädagogischen Provinz« zu Rate, so ist diese Frage zu verneinen. Dort bestände ja zwischen erbgleichen Zwillingen *kein* IQ-Unterschied, und das deutete nicht etwa auf *geringen* Umwelteinfluß hin, sondern gerade auf das Gegenteil, auf *bestmöglichen* Umwelteinfluß, weil er sämtliche Erbanlagen zur Entfaltung bringt. Dies läßt sich verallgemeinern: *Bessere* Umweltbedingungen bewirken durchschnittlich *geringere* umweltbedingte IQ-Unterschiede. (Dies gilt im Bereich zwischen 50 und 100 Prozent Umweltwirkung, also einem Defizit zwischen 50 und 0 Prozent, siehe Abb. 21.)

Nicht nur in der Theorie, sondern auch in der Wirklichkeit gibt es Lehrstätten, in denen die Umweltbedingungen für die Schüler oder Studenten annähernd ideal sind. Ein Beispiel ist die Musikhochschule: Die Lehrer üben individuelle Meisterlehre aus. Sie sind größtenteils selbst ausübende Solisten, so daß sie auch als Verhaltensvorbilder wirken können. Und die Studenten sind, weil sie selbst die Solistenlaufbahn anstreben, in höchstem Maße motiviert. Was daraufhin in den Prüfungen und Ausscheidungen den Ausschlag gibt, sind daher – wegen der optimalen Umwelteinflüsse – die voll realisierten individuellen *Anlagen*.

28. Konsequenzen aus IQ-Zwillingsuntersuchungen

Es gibt höchst unterschiedliche Testarten. Der Intelligenz-Struktur-Test von Amthauer* prüft im Rahmen der Intelligenz verschiedene Fähigkeitsrichtungen wie Sprachverständnis, Gedächtnis, räumliches Vorstellungsvermögen und mathematische Fähigkeiten. Er läßt daher erkennen, wo bei einem Menschen höhere und wo geringere Fähigkeiten liegen. Andere Tests differenzieren nicht zwischen verschiedenen Begabungsrichtungen. Sie verfolgen zwei Ziele: Sie wollen möglichst unabhängig von dem, was ein Mensch schon gelernt hat und weiß, seine Fähigkeit zur Intelligenzleistung, also so etwas wie seine intellektuelle »Grundbegabung« erfassen, und das Ergebnis soll im Idealfall unabhängig vom kulturellen und auch vom soziokulturellen Hintergrund des Prüflings sein. Um es überspitzt auszudrücken: Diese Intelligenztests sind so angelegt, daß sie möglichst auch bei einem des Lesens, Schreibens und Rechnens unkundigen Steinzeitmenschen die dort nicht zum Ausdruck kommende Hochbegabung eines Einstein aufgefunden hätten.

Dabei aber stellte man fest: Völlige Unabhängigkeit der IQ-Testergebnisse vom kulturellen und soziokulturellen Hintergrund läßt sich nicht erreichen. Stets bleibt eine gewisse Abhängigkeit von der Umwelt erhalten. Seither spricht man nicht mehr von »culture-free« (kulturfreien), sondern nur noch von »culture-fair IQ-tests« (kultureinfluß*armen* IQ-Tests). Wieviel Umwelteinfluß sich schließlich in IQ-Testergebnissen niederschlägt, muß folglich davon abhängen, wieweit es bei der Testkonstruktion gelungen ist, die Kulturabhängigkeit einzuschränken. Der Anteil der Kulturabhängigkeit wäre danach ein Gradmesser dafür, wieweit die

Testentwicklung ihr Ziel, allein die *Begabung* zu erfassen, erreicht hat. Das Verhältnis zwischen Umwelt- und Begabungsabhängigkeit, das in einem Test auftritt, wäre in dieser Sicht ein Ausdruck der Vollkommenheit der Methode und keine Aussage über den Forschungsgegenstand.

Trotz des hiermit geäußerten tiefen Zweifels, ob bei der IQ-Messung das Ausmaß der Umwelteinflüsse überhaupt als Eigenschaft des Forschungsgegenstandes gelten darf (und nicht nur als Artefakt*), sei nun beschrieben, wie H. J. Eysenck aus IQ-Messungen an erbgleichen Zwillingen Daten über die Abhängigkeit der testbaren Intelligenz von Erbgut und Umwelt zu gewinnen suchte. Bereits der Ansatz seiner Überlegungen widerspricht fundamental den entsprechenden Erörterungen in Abschnitt 25. Darum sei er wörtlich wiedergegeben. (Lediglich wird an die Stelle seines Symbols E für Umweltwirkung das in diesem Buch schon zuvor verwendete Symbol U eingesetzt; und einige Worte, die im Zusammenhang dieser Erörterung von besonderer Bedeutung sind, werden durch *Kursivdruck* hervorgehoben.)

»Man kann das Anlage-Umwelt-Problem genauer erforschen, indem man das einfache G und U Modell entwickelt und es auf andere Eigenschaften der Zwillingsdaten bezieht. Vergegenwärtigen wir uns das Grundmodell. Der Phänotyp (P) wird als *Summe* zweier Komponenten ausgedrückt, wovon eine auf Anlage (G), die andere auf Umwelteinflüsse (U) zurückzuführen ist:

$$P = G + U$$

Wenn diese zwei Komponenten voneinander unabhängig sind, dann kann die beobachtete Variation des Phänotyps V(P) auch als Summe zweier Komponenten V(G) und V(U) verstanden werden. Dies sind die *Varianzen** der genetischen bzw. umweltbedingten Effekte. Also:

$$V(P) = V(G) + V(U)$$

Die Verwendung der *Varianz,* die einfach die *quadrierte Standardabweichung** ist, hat eher als irgendein anderer zusammenfassender Stichproben-Kennwert den Vorteil, daß man vom Individuum zur Population übergehen kann und dabei den additiven Charakter beibehält. Während man G und U bei irgendeinem Einzelwert eines individuellen Phänotyps nicht voneinander trennen kann, sind wir in der Lage, V(G) und V(U) aus den Varianzen und Kovarianzen von Gruppen von Einzelpersonen, wie etwa Zwillingen, zu isolieren. Aufgrund dieser Tatsache wählt man die *Varianzanalyse von Zwillingsdaten,* um die anteilmäßigen Wirkungen von G und U zu erfassen.«

Das Ergebnis der von dieser gedanklichen Basis ausgehenden Überlegungen und Rechnungen formulierte Eysenck* so: »Die allgemeine Konsequenz lautet, daß Erbeinflüsse für etwa 80 Prozent, Umweltfaktoren nur für 20 Prozent der Gesamtvarianz verantwortlich sind.« Das englische Originalzitat lautet: »The general conclusion to be drawn is that heritability* accounts for something like 80% of the total variance, environmental factors only 20%.«

Die Zahlenwerte 80:20 wurden nun vielfach so verstanden, als wären die 20 Prozent der durchschnittliche *Spielraum* für Umwelteinflüsse auf die (Test-)Intelligenz des Menschen. So schrieb Hartmut von Hentig*: »Wenn es denn nur 20% Spielraum sein sollen, innerhalb deren wir Lehrer ein Schulkind fördern können, dann müssen wir eben auch diesen geringen Spielraum nach besten Kräften auszufüllen suchen.«

Eysencks eben zitierte Aussage über das Verhältnis zwischen den genetischen und den umweltbedingten Einflüssen auf die Varianz (80:20) entspricht einem Verhältnis von 4:1 anstelle der Angabe 2:1 aus Abschnitt 25. Das liegt aber nur daran, daß die von ihm angewandte Maßskala nicht die IQ-Skala, sondern (durch den oben im Zitat erwähnten Übergang von den Standardabweichungen zu den Varianzen) eine Skala ist, auf der die IQ-Werte zum Quadrat erhoben sind. Macht man dies rückgängig, so kommt man zu den Werten 67 und 33 Prozent.

Durch die Erhebung ins Quadrat geschieht noch etwas weiteres: Die Information über das *Vorzeichen* der Variablen* geht verloren. Variable werden ja im Quadrat positiv, gleich ob sie ihrer Natur nach positiv oder negativ sind. Daraus, daß umweltbedingte Intelligenzunterschiede innerhalb der Population* mit der Verbesserung der Umweltbedingungen nicht zu-, sondern abnehmen (siehe Abschnitt 27), ergibt sich, daß es sich bei den hier ausgerechneten Umweltabhängigkeiten um *negative* Umweltbeiträge handeln muß, daß die Variable U in Eysencks Ansatz also dem jeweiligen *Defizit* an Umwelteinflüssen entspricht, wie es in Abbildung 21 aufgetragen ist: Je geringer das Defizit gegenüber der vollen Umweltleistung zur Verwirklichung aller genetischen Potenzen, desto geringer ist auch der Beitrag der Variation dieses Defizits zur IQ-Unterschiedlichkeit in der Bevölkerung.

Damit klärt sich die wahre Natur der Prozentangaben 80 und 20 wie folgt: Erstens sind sie *Quadratzahlen* von prozentualen IQ-Punkt-Unterschieden. Diese betragen, von der »IQ-Quadrat-Skala« auf die IQ-Skala zurückgeführt, 67 Prozent für Erbgut- und 33 Prozent für Umweltwirkungsunterschiede. Zweitens gibt die erste Prozentzahl die Variabilität der genetischen Grundlage in der Bevölkerung an, die zweite aber die Variabilität des *Defizits* an derjenigen Umweltwirkung, die in der derzeitigen Bildungsumwelt zur vollen Verwirklichung der Potenzen des Erbguts führen würde.

Träfe dagegen die Formulierung zu, prinzipiell würden sich 80 Prozent der Intelligenzleistungen umweltunabhängig und nur 20 Prozent umweltabhängig entwickeln, so wäre dies für die Einschätzung der Bedeutung unseres Schulwesens überaus folgenreich: Der Schule würde nur ein sehr geringer Beitrag zur intellektuellen Leistungsfähigkeit der Schüler zugesprochen, allerhöchstens – bei Ausschöpfung aller Möglichkeiten – im Durchschnitt 20 Prozent. Der Großteil der intellektuellen Leistungsfähigkeit würde sich selbständig aufgrund der Veranlagung der Kinder entfalten. Würde diese unzutreffende Vorstellung in einer zur Sparsamkeit drängenden Zeit an Politiker herangetragen, so könnte sie verheerende Verwirrung hervorrufen: Sie könnte dem Gedanken Vorschub leisten, eine drastische Reduzierung des Ausbildungswesens, sagen wir auf die Hälfte, würde an der Entwicklung der Leistungsfähigkeit unserer Kinder nur im Rahmen der 20 Prozent Umweltabhängigkeit etwas ändern. Und wenn dann diese ohnehin unbedeutenden 20 Prozent etwa auf 10 Prozent gesenkt würden, so bliebe ja der Löwenanteil, die genetisch bedingten 80 Prozent, immer noch übrig. In der Bilanz ginge die gesamte Leistung vielleicht nur von bestenfalls 100 auf 90 Prozent herunter, und das würde man im durchschnittlichen IQ kaum bemerken; denn 10 Prozent liegen schon im Bereich der Meßgenauigkeit.

Auch für das Selbstverständnis der Lehrer wäre eine solche Interpretation tief beunruhigend. Deswegen sei noch einmal gesagt, warum Eysencks Folgerung unrichtig ist, auch wenn man die Richtigkeit der Zwillingsmeßdaten, auf die er sich stützt, gar nicht in Zweifel zieht: Weil Erbgut und Umwelt nicht summativ, sondern kooperativ (in erster Näherung multiplikativ) zusammenwirken, was keine Prozentangaben der Wirksamkeit zuläßt, und weil sich die ausgerechneten Varianzanteile der Umweltvariation nicht auf die positiven Umweltbeiträge zum IQ, sondern auf das Defizit der Umweltwirkung im Vergleich zur optimalen Umweltwirkung beziehen. (Dies wieder war daraus abzuleiten, daß hundertprozentige Umweltwirkung, die alle Erbanlagen zur Realisation kommen ließe, zu einem Umweltvarianzanteil von null Prozent führen würde. Je besser die Bildungsumwelt, desto geringer der »Varianzanteil Umweltwirkung«.)

Das oben angeführte Zitat von H. von Hentig ist nunmehr folgendermaßen zu kommentieren: Die aus Zwillingsuntersuchungen hergeleiteten 20 Prozent Varianzanteil sind unrichtig gedeutet, wenn man sie als (durchschnittlichen) *Spielraum* versteht, innerhalb dessen die Eltern und Lehrer ein Kind fördern können. Wenn man von einem Spielraum sprechen will, innerhalb dessen die Eltern, Lehrer und die sonstige Umwelt die Intelligenzentwicklung eines Kindes fördern können, so umfaßt er die Spanne von null bis 100 Prozent dessen, was aus der jeweiligen Begabung hervorzubringen ist. Die Umwelt kann keine genetischen Grundlagen für die Intelligenz neu entstehen lassen, aber sie ist zu 100 Prozent für deren Entfaltung verantwortlich, nicht nur zu 20 oder zu 33 Prozent.

Wenn man bei aller Vorsicht und allen Vorbehalten, die in den vorangegangenen Abschnitten mehrmals zur Sprache kamen, die vorliegenden Meßdaten über den IQ von erbgleichen, an verschiedenen Orten aufgewachsenen Zwillingen zugrunde legt, so folgt aus ihnen, wie in Abschnitt 26 beschrieben, der Schluß: In unserer heutigen Bildungsumwelt kommen etwa zwei Drittel aller für die im Test meßbaren Intelligenzanteile verantwortlichen, in der Bevölkerung unterschiedlichen Erbanlagen zur Entfaltung. Wenn hieraus eine Botschaft für Eltern, Lehrer und alle anderen Verantwortlichen folgt, so ist es der Appell: die Umweltverhältnisse für kleine Kinder und Schüler so zu verbessern, daß auch das zur Zeit noch nicht realisierte Drittel der hier angesprochenen geistigen Anlagen zur Entfaltung kommen kann.

29. Verstand Intelligenz Klugheit Vernunft

Die in der Überschrift genannten Wörter sind sinnverwandt. Die ersten beiden, Verstand und Intelligenz, bedeuten so gut wie dasselbe, außer daß man in der schönen Literatur das erste bevorzugt, im wissenschaftlichen Zusammenhang lieber das zweite gebraucht. Beide Ausdrücke aber werden häufig in Gegensatz zu den beiden anderen – Klugheit und Vernunft – gestellt.

Beispielsweise fiel in einer Unterhaltung jüngst der Ausspruch: »Es gibt so viele unkluge intelligente Leute!« Damit war gemeint, ein Mensch könne zwar intelligent sein, trotzdem aber zuwenig Urteilskraft und Weitsicht besitzen. In ähnliche Richtung weisen zahlreiche Aussprüche aus verschiedenen Zeitaltern, von denen fünf im folgenden aufgeführt werden sollen. Zum Teil sind sie Übersetzungen aus anderen Sprachen. In ihnen werden zwar nicht immer die vier Titelwörter dieses Abschnitts genannt. Aber es ist unmißverständlich, was jeweils gemeint ist.

Aristoteles: Vernunft ist eine Kombination aus Tugend und Wissen.

Augustinus: Verstand ohne Liebe erbauet nicht, sondern blähet auf.

Nicolaus Cusanus: Der Verstand ist eine Hure, denn er gibt sich preis an beliebige Dinge.

Marie von Ebner-Eschenbach: Es gibt Menschen mit leuchtendem und Menschen mit glänzendem Verstande. Die ersten erhellen ihre Umgebung, die zweiten verdunkeln sie.

Niels Bohr: Der Triumph des Verstandes ist oft ein tragisches Versagen der Vernunft.

In allen diesen Aussprüchen erscheinen Verstand und Intelligenz nicht etwa schlecht an sich, sondern ergänzungsbedürftig. Verstand und Intelligenz ähneln einer Naturerscheinung wie dem Feuer oder einem Werkzeug wie dem Messer, die eingebunden werden müssen, um segensreich zu wirken und kein Unheil zu stiften. Welcher Art ist die »Einbindung« von Verstand und Intelligenz, die zu Klugheit und Vernunft führt?

In erster Näherung ist diese Einbindung schon im Abschnitt 9 mit Hilfe des Begriffs der *Umsicht* beschrieben worden. Es geht nicht nur darum, folgerichtig zu denken, sondern überall im Umfeld alle Bedingungen wahrzunehmen oder mit Hilfe der produktiven Phantasie sich einfallen zu lassen, die in eine etwa anstehende Entscheidung einfließen könnten, und dann alles im Zusammenhang zu durchdenken. In anderen Abschnitten beschrieb dieses Buch Möglichkeiten für Denkfehler (Abschnitt 5), angstbedingte Denkhemmung (Abschnitte 16 und 17) sowie für wunschbedingte Fehlwahrnehmung (tendenziöse Perzeption) und für »Wunschdenken« (Abschnitt 18). Zur Klugheit und Vernunft gehört es demgemäß auch, sich von den genannten Denkfehlern, angstbedingten Denkhemmungen, wunschbedingten Fehlwahrnehmungen und Fehleinschätzungen freizuhalten. Um sich der Klugheit anzunähern, empfiehlt es sich darum, diese und andere Fehlermöglichkeiten *gut zu kennen* und die Tendenzen dazu auch an sich selbst zu beobachten. »Es ist daher das beste, wenn wir bei Beobachtungen soweit als möglich uns der Gegenstände und beim Denken darüber soviel als möglich unser selbst bewußt sind« (Goethe). Hierzu muß man sehr viel gleichzeitig im Kopf haben und einigermaßen fehlerfrei verarbeiten können.

Eine besondere Nuance der Klugheit, die sie von der bloßen Intelligenz abhebt, kommt im Begriff der *Lebensklugheit* zum Ausdruck; diese schließt Menschenkenntnis und Weitsicht ein. Lebensklugheit ist gefordert, wenn wichtige Lebensentscheidungen bevorstehen oder wo es gilt, Menschen zu beraten oder ihnen zu helfen, wenn sie in schwierige menschliche Probleme oder Konflikte geraten sind. Hier sind nicht nur Sachzusammenhänge einzubeziehen, sondern vor allem auch die Wesenszüge der beteiligten Menschen. Wie schwierig diese Aufgabe sein kann, läßt sich an der Vielfalt der Eigenschaften ablesen, die das Charakterbild eines Menschen ausmachen; erst daraus sind dessen künftige Verhaltensmöglichkeiten zu beurteilen.

Um diese Vielfalt anschaulich zu machen, sei eine Reihe wichtiger menschlicher Wesenszüge (die jeweils schwach oder stark ausgebildet sein können) aufgezählt: Temperament, Empfindsamkeit (Sensibilität), Willensstärke, geistige Unabhängigkeit, geistige Beweglichkeit, Selbstsicherheit, Mut, Einfühlungsgabe, Güte, Hilfsbereitschaft, Gerechtigkeitsgefühl, Zuverlässigkeit, Verschwiegenheit, Entscheidungsbereitschaft, Geduld, Großzügigkeit, Humor, Selbsterkenntnis, Lebenserfahrung. Zur Lebensklugheit gehört es, alle diese neunzehn Eigenschaften – und noch zahlreiche weitere – bei seinen Mitmenschen und auch bei sich selbst wahrzunehmen, um sie beurteilen und in die notwendigen Entscheidungen und Handlungen einfließen lassen zu können. Stellt man sich die menschlichen Wesenszüge vor Augen, die bereits in der obigen unvollständigen Aufzählung enthalten sind, so versteht man, warum der bloße Verstand (die formale Intelligenz) zur geistigen Bewältigung dieser Vielfalt nicht in der Lage ist. Darüber hinaus ist die menschliche Persönlichkeit gar nicht als *Summe* der Ausprägungsgrade solcher elementarer Eigenschaften aufzufassen; sondern diese Eigenschaften stehen in vielfältiger Beziehung und Wechselwirkung zueinander, so daß aus den entstandenen Kombinationen völlig Neues erwachsen kann.

Trotz dieser unübersehbaren Vielfalt der menschlichen Innenwelt ist jedoch manchen einzelnen Persönlichkeiten die Fähigkeit gegeben, jungen und alten Mitmenschen aus Einsicht in deren Wesensart Wege zu zeigen, die sich für ihr späteres Leben als segensreich erweisen. Wie dies gelingt, ist zumindest für die heutige Wissenschaft nur zum Teil faßbar. Was dabei über das intellektuell Einsehbare hinausgeht und zu den Fähigkeiten des logischen Verstandes und der Erfahrung hinzutreten muß, um diese Persönlichkeitseigenschaften zu entwickeln, macht den intelligenten zum klugen, zum lebensklugen Menschen.

Aus diesen Erörterungen läßt sich herleiten, wie man als Einzelmensch Lebensklugheit anstreben kann: Es gilt, unermüdlich aus allen verfügbaren Quellen das Wissen und die Erfahrung zu sammeln, um von Jahr zu Jahr mehr von der Welt und von den Menschen zu erfahren, zu verstehen und für sein Handeln anwenden zu können. Besonders viel lernt man dabei durch Selbsttun, eigenes Erleben und Sich-Hineinversetzen in Mitmenschen. Wegen der Vielfalt der Welt und der Menschen und wegen der Begrenztheit der Zeit und der eigenen Kräfte wird man allerdings stets auf dem Wege bleiben und das Ziel nur von ferne sehen. Für dieses Ziel gibt es in der deutschen Sprache das Wort *Weisheit*, dem jedoch der Bedeutungsgehalt der Unerreichbarkeit im Gegenwartsgeschehen anhaftet. Deshalb werden hier die etwas nüchterneren Ausdrücke *Klugheit* und *Vernunft* bevorzugt.

Der umgangssprachliche Ausdruck Vernunft schließt Erfahrungswissen und Sachverstand ein, bezeichnet aber etwas Umfassenderes. Was zum Verstand hinzukommen muß, damit von Vernunft gesprochen werden kann, ist die Beziehung zum Umfeld und zur Zukunft, zu den Werten, die hineinspielen, schließlich zum Sinn des jeweiligen Geschehens – und all dies auch dann, wenn es nicht in Worte und Verstandesgründe zu kleiden, sondern nur intuitiv zu erfassen sein sollte. Verstand bedarf des Zusatzes von Güte, menschlicher Reife und Souveränität, um zur Vernunft zu werden. Auch der religiöse Bereich wird von vielen eingeschlossen. Vernunft ist damit – nach dem Sprachgebrauch – der Inbegriff dessen, was für den Menschen im Bereich des Urteilens, Entscheidens und Handelns erreichbar ist. Damit ist Vernunft allerdings nicht der Durchschnitts- oder Zentralwert dessen, was die Menschen tatsächlich zu erreichen pflegen, sondern ein Vorstellungsbild, nach Kant die Maxime dessen, was uns als Entfaltungsziel des Menschen vorschweben kann.

30. Genialität

Goethe hat einmal für »alle Wirkungen, die wir in der Erfahrung bemerken«, skizziert, wie sie sich für ihn »von der gemeinsten bis zur höchsten« aneinanderreihen, »vom Ziegelstein, der dem Dache entstürzt, bis zum leuchtenden Geistesblick, der dir aufgeht und den du mitteilst... Wir versuchen es anzusprechen: Zufällig / Mechanisch / Physisch / Chemisch / Organisch / Psychisch / Ethisch / Religiös / Genial«. Was Goethe mit »genial« meinte, hat er – sofern Eckermann seine Worte richtig überliefert hat – folgendermaßen angedeutet: »Doch wie wollte die Gottheit Wunder zu tun Gelegenheit finden, wenn sie es nicht zuweilen in außerordentlichen Individuen versuchte, die wir anstaunen, und nicht begreifen, woher sie kommen.«

Eine ähnliche Formulierung fand der Maler, Architekt und Biograph vieler bildender Künstler, Giorgio Vasari, als er mit dem Blick auf Leonardo da Vinci schrieb: »Der Himmel schickt uns von Zeit zu Zeit außergewöhnliche Wesen, die nicht nur das Menschenbild ideal verkörpern, sondern bereits den Hauch des Göttlichen spüren lassen.«

Im historischen Teil seiner »Farbenlehre« führte Goethe näher aus, was er als höchste Form des Charakters des Einzelmenschen ansah (wobei er allerdings nicht das Beiwort »genial«, sondern »groß« verwendete): »Einen *starken* Charakter nennt man, wenn er sich allen äußerlichen Hindernissen mächtig entgegensetzt und seine Eigentümlichkeit, selbst mit Gefahr, seine Persönlichkeit zu verlieren, durchzusetzen versucht. Einen *großen* Charakter nennt man, wenn die Stärke desselben zugleich mit großen, unübersehlichen, unendlichen Eigenschaften, Fähigkeiten, verbunden ist und durch ihn ganz originelle unerwartete Absichten, Pläne und Taten zum Vorschein kommen.«

Wenn man diese Umschreibungen des Begriffs »genial« miteinander vergleicht, so fällt die Häufigkeit von Ausdrücken auf, die ein Morphem* der *Verneinung* enthalten: *außer*ordentlich, »*nicht* begreifen, woher sie kommen«, *außer*gewöhnlich, *un*übersehlich, *un*endlich, *un*erwartet; auf diesen Ausdrücken liegt sogar beinahe das Hauptgewicht. Vielfach gelten verneinende Ausdrücke jedoch als blaß und inhaltsarm; gerade für Goethe scheint es daher verwunderlich, daß er sie trotzdem in solcher Häufung verwendet. Das hat jedoch einen guten Grund: Der Begriff »genial« *soll* gerade solche Leistungen und Fähigkeiten bezeichnen, die über das Bekannte, Überschaubare hinausgehen, also etwas Einzigartiges darstellen. Daher ist gar nicht zu erwarten, daß sich eine Beschreibung finden ließe, die den Bedeutungsgehalt des Ausdrucks »genial« gleichsam »einfängt«. Eine solche Möglichkeit würde dem Sinn des Wortes »genial« sogar widersprechen.

Wer die angeführten Zitate über das Geniale liest und auf sich wirken läßt, dem fällt deren verneinender Charakter in der Regel auch gar nicht auf. Das hängt vermutlich damit zusammen, daß das Unerforschliche und damit Geheimnisvolle eine eigene Anziehungskraft auf viele Menschen ausübt. Diese Anziehungskraft besteht *neben* der entgegengesetzten Triebfeder, Unklares verstehen und Rätsel auflösen zu wollen; gerade das Höchstverehrte bleibt aber davon für viele Menschen ausgenommen. Für sie gilt Goethes Aussage: »In unseres Busens Reine wogt ein Streben, sich einem Höhern, Reinern, Unbekannten aus Dankbarkeit freiwillig hinzugeben.« Hier ist das Attribut »unbekannt« den Begriffen »höher« und »reiner« zugeordnet, ohne einen Rangunterschied anzudeuten. Einer der kürzesten Aphorismen der Weltliteratur, Christian Morgensterns »Erklären entwertet«, weist auf das gleiche hin. Hiernach ist es nicht verwunderlich, daß es niemand stört, wenn auch das »Geniale« vorwiegend dadurch charakterisiert wird, daß es sich unserem Verständnis *entzieht*. Das tut seinem Wert keinen Abbruch, sondern trägt zu ihm bei.

Das Nichtverstehenkönnen geistiger Vorgänge beginnt mitunter schon weit unter dem Niveau des Genialen, ja sogar mitten in der Domäne dessen, was dem Begreifen eigentlich zugänglich zu sein scheint: H. J. Eysenck ist nicht nur ein überragender Intelligenzforscher, sondern zugleich ein überdurchschnittlicher Schachspieler, Mitglied eines Schachclubs und gelegentlich Mitspieler in Schachturnieren. Er führte auch seinen Sohn in dieses Spiel ein. Im Alter von elf Jahren erreichte der Sohn die Spielstärke seines Vaters. Bald darauf war er ihm überlegen und besiegte ihn immer wieder. Wenn irgendein Intelligenzforscher dies verstehen sollte, so müßte es dieser Vater sein. Aber er versicherte, einfach nicht erklären zu können, worin die Überlegenheit seines Sohnes besteht. Es komme ihm so vor, als habe der hochbegabte junge Schachspieler eine andere Vorstellungsweise von Brett und Spielstand als er.

»Genialität« läßt sich also nicht in Begriffe einfangen. Trotzdem können bestimmte Gedankenbilder dazu verhelfen, sich dieser Erscheinung in der Vorstellung ein wenig anzunähern. Besonders geeignet ist hierfür die Erfahrung, daß durch die Kombination von Elementen und durch deren Wechselwirkungen mitunter Erscheinungen auftreten können, von denen die Elemente keine Spur zeigen. Man nehme je eine Gasflasche mit Wasserstoff und Sauerstoff: Werden die beiden farb- und geruchlosen Gase mittels zweier Zuleitungen an einem Ort zusammengeführt, dort gemischt und entzündet, so entsteht eine Flamme mit solcher Verbrennungshitze, daß man sie zum Schweißen von Metallen benutzt. Was dabei als Verbrennungsprodukt entsteht, ist Wasserdampf, den man, wenn man ihn abkühlt, als Wasser trinken kann. Lernt ein aufgewecktes Kind diese »Verwandlung« von zwei Gasen erst zur Flamme und dann zur Flüssigkeit erstmals kennen, so kann es sich vor Staunen gar nicht fassen: Jedem der Gase allein ist nichts von den Potenzen anzumerken, die bei ihrer Kombination zutage kommen.

Ebensowenig erkennt man an einem Salzkorn beim Anblick oder am Geschmack, daß es zu gleichen Teilen aus einem silbrigen, leicht brennbaren Leichtmetall (Natrium) und einem gelbgrünen, giftigen, stechend riechenden Gas (Chlor) zusammengesetzt ist. – Man betrachte schließlich die chemische Formel auf der Abbildung 22. Wer kann ihr ansehen, daß ein Stoff gerade dieser Molekülstruktur, bestehend aus Kohlenstoff, Wasserstoff, Sauerstoff, Stickstoff und Brom, in der Purpurschnecke entsteht und den einzigartigen Purpur-Farbstoff für die Gewänder der antiken Könige lieferte?

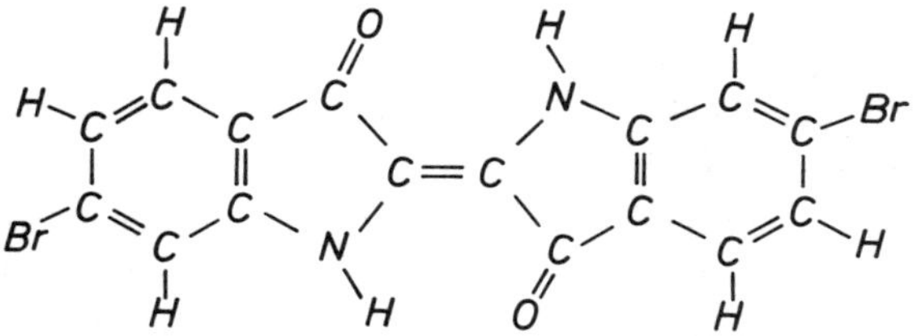

Abb. 22: Auf die Ebene projizierte Strukturformel des Purpurfarbstoffs der Purpurschnecke. Die Summenformel lautet $C_{16}H_8O_2N_2Br_2$. Jedes Purpurmolekül besteht also aus dreißig Atomen von fünf verschiedenen, »ganz gewöhnlichen« chemischen Elementen. Gerade diese – und nur diese – Kombination zeigt den königlichen Farbton.

Was an den drei Beispielen des Wassers, des Salzes und des Purpurfarbstoffs vor unsere Augen trat, ist ein Grundprinzip der Architektur unserer Welt: Wenn sich bestimmte Gegebenheiten zusammenfügen und dabei in Wechselwirkung treten, so ergeben sich daraus manchmal ganz neue Erscheinungen. Das System als ganzes besitzt dann Fähigkeiten, die seinen Elementen nicht zukommen, aber deren *Wechselwirkungen* widerspiegeln. Hier liegt der Sinn eines bekannten philosophischen Satzes: Das Ganze ist mehr als die Summe seiner Teile. Ausführlicher formuliert heißt das: Die Eigenschaften eines dynamischen Systems, also seine »Systemeigenschaften«, sind mehr – oder neutraler: sind etwas anderes – als die Summe der Eigenschaften der Elemente. Die Eigenschaften solcher Systeme suchen wir vergebens, wenn wir in ihnen Eigenschaften einzelner bestimmter Elemente des Systems sehen wollen: Keiner der Bestandteile des Purpurfarbstoffs ist selbst purpurn, auch nicht das Brom (dieses ist bei Zimmertemperatur eine *braunrote* Flüssigkeit); einzig dessen in der Formel gezeigte chemische Verbindung mit den anderen Elementen zeigt die Purpurfarbe.

In der Geistesgeschichte hat sich das Staunen über das Hervortreten neuer Eigenschaften beim dynamischen Zusammenschluß von Elementen in zwei Ausdrücken niedergeschlagen: Emergente und Fulguration. Das erste dieser Worte ist vom lateinischen *emergere*, auftauchen, hergeleitet und erweckt die Vorstellung, das Neue habe sich in der Tiefe des Meeres vorgebildet und vollende sich beim Verlassen des feuchten Elements. Der Ausdruck »Fulguration« leitet sich vom lateinischen *fulgur* her, was Blitzschein und Blitzschlag bedeutet und sich damit gleichnishaft auf eine Naturerscheinung bezieht, die wahrhaft Neues entstehen läßt: Aus geringsten elektrischen Vorgängen bei der Bildung jedes einzelnen von Milliarden von Regentropfen (Verflüssigung von Wasserdampf) folgt eine elektrische Aufladung der Wolke, abweichend vom Potential der Erdoberfläche (oder einer anderen Wolke), und diese Spannung entlädt sich in einer Erscheinung völlig anderer Natur, im erleuchtenden und zerstörenden Blitzschlag.

Was auf der Ebene der Atome und Moleküle möglich ist, mag erst recht für den menschlichen Geist gelten: Hier sind freilich die »Elemente« ganz andere: Phantasie, Erlebnisfähigkeit, Gedächtnis, Intelligenz, Empfindsamkeit (Sensibilität), Temperament, Erfindungsgabe, Konzentrationsvermögen, um nur einige zu nennen. Sie bieten eine unermeßliche Vielfalt von Kombinationsmöglichkeiten. Auch ohne dies im einzelnen zu verstehen, darf man sich vorstellen, daß bestimmte *Kombinationen* dieser Elemente dann und wann einzigartige, geniale Persönlichkeiten hervorbringen, »die wir anstaunen und nicht begreifen, woher sie kommen«.

So steht denn am Schluß dieses Buches kein Versuch, diese höchste Form des Geistigen überzeugend darzustellen – denn dies vermag nur die Kunst –, sondern, einem Sachbuch angemessen, nur ein Wegweiser in die geahnte Richtung.

Nicht im Text erklärte Fremdwörter und Fachausdrücke

Abszisse: waagerechte Achse (x-Achse) im Cartesischen Koordinatensystem*.

Aminosäure: organisch-chemische Verbindung der allgemeinen Form $R - CH <^{NH_2}_{COOH}$ (wobei R beliebig ist); zum Beispiel lautet die Formel für Alanin $CH_3 - CH <^{NH_2}_{COOH}$.

Anagramm: In veränderter Folge aneinandergereihte Buchstaben eines Wortes oder Satzes, im 17. Jahrhundert mitunter zur Verschlüsselung und vorläufigen Geheimhaltung wissenschaftlicher Entdeckungen verwendet.

Aperçu: geistreiche Bemerkung.

Artefakt: etwas durch künstliche Einwirkung Entstandenes, nicht von Natur aus Vorhandenes.

autonom: eigenen Gesetzen gehorchend, nicht von Umwelteinflüssen gesteuert.

bedingt: im Rahmen der Lerntheorie soviel wie »erfahrungsbedingt«, das heißt entstanden durch einen Lernprozeß.

Bildungsrat: Von Bund und Ländern 1965 eingesetztes Beratungsgremium auf dem Gebiet des Bildungswesens, aufgelöst 1975.

Chagas-Krankheit: in Südamerika verbreitete, durch den Kot blutsaugender Raubwanzen der Gattung Triatoma übertragene, meist unheilbare Krankheit. Die Erreger – Geißeltierchen der Gattung Trypanosoma – befallen die Gewebe zahlreicher Organe, vielfach auch des Herzens, und können in diesem Fall den Tod durch Herzversagen herbeiführen.

diskursiv: von einem Gedanken bzw. Vorstellungsinhalt zum nächsten geradlinig und folgerichtig mit logischer Notwendigkeit fortschreitend.

divergent: auseinanderweichend wie zwei Wege nach einer Wegegabelung. Gegensatz: konvergent = zusammenlaufend.

divergente Denkprozesse: Denkvorgänge, die keinem vorgegebenen Weg folgen, sondern von einem Ausgangspunkt in verschiedene Richtungen streben; es ist also etwas Ähnliches, zum Teil das gleiche, wie »Phantasie«.

DNS (Desoxyribonukleinsäure): chemische Fachbezeichnung für diejenige Substanz, die bei allen Lebewesen das Erbgut darstellt. Es handelt sich um sehr lange Kettenmoleküle aus Kohlenstoff, Wasserstoff, Sauerstoff, Stickstoff und Phosphor.

Doppelhelix: je zwei komplementäre* Stränge der DNS* bilden ein Riesenmolekül und sind dabei wie ein Doppelwendel ineinandergefügt (lat. helix = Schnecke, Schneckenhaus).

Ekliptik: Ebene der Kreisbahn der Erde um die Sonne.

Engramm: Gedächtnisspur. Wenn ein Mensch sich an etwas Vergangenes erinnert, muß dieses seinerzeit irgendwelche materielle Spuren im Gehirn hinterlassen haben, durch die das damalige Geschehen repräsentiert und aufbewahrt wird. Welcher Art diese Spuren sind, ist jedoch noch unbekannt.

Freudsche Versprecher: von Sigmund Freud (1856–1939) geprägter Ausdruck für Versprecher, die – mitunter peinlicherweise – etwas ausdrücken, was der Sprecher eigentlich verschweigen wollte, beispielsweise: Ein Arzt vermutet bei einer ihm auch persönlich bekannten Patientin eine Schilddrüsenerkrankung, will es ihr aber zumindest an dem betreffenden Tag nicht mitteilen. Als er etwas später auf die verschiedene Körpergröße zwischen der Patientin und ihrer Schwester zu sprechen kommt, verrät er sich aber, indem er versehentlich sagt: »Sie sind um einen *Kropf* größer als Ihre Schwester.» (Beispiel Nr. 20 im Kap. V von Sigmund Freuds »Psychopathologie des Alltagslebens« aus dem Jahre 1907.)

Genotyp: zusammenfassender Ausdruck für die Anlagen, die ein Lebewesen von seinen Vorfahren durch Vererbung erworben hat.

Heritabilität: statistischer, für eine bestimmte Population* von Organismen zu errechnender Zahlenwert, der angibt, zu welchem Anteil dort die Varianz* der genetischen Grundlagen eines Merkmals zur Varianz dieses Merkmals innerhalb der Population beiträgt. Somit ist die Heritabilität ein *relatives,* kein absolutes Maß (vergleichbar der »relativen Luftfeuchtigkeit« im Unterschied zur absoluten), und zwar hängt ihr Zahlenwert ebenso stark von der Varianz der Umwelteinflüsse wie von der Varianz der genetischen Grundlagen ab; bei einer gegebenen genetischen Varianz ändert sich also die Heritabilität mit der Varianz der Umweltbedingungen. – Die Heritabilität ist ferner ein *Variationsmaß*, kein »Gradmaß« (vergleichbar dem Ausmaß von Konto*bewegungen* im Unterschied zum durchschnittlichen Konto*stand*), das heißt ihr Zahlenwert hängt nicht davon ab, in welchem Ausmaß die genetischen Grundlagen ein Merkmal bestimmen, sondern davon, in welchem Ausmaß dieser Einfluß in der Population von Individuum zu Individuum unterschiedlich ist. – Aus beiden Gründen deckt sich die Bedeutung des Wortes Heritabilität keineswegs mit der umgangssprachlichen Bedeutung des Wortes »Erblichkeit«, sondern wäre nur durch einen viel komplizierteren Ausdruck wiederzugeben, etwa »relatives quadratisches Erbeinfluß-Streuungsmaß« (bezüglich des hierbei verwendeten Begriffs »quadratisch« siehe Varianz*).

Intuition: Auftauchen sinnvoller gedanklicher Vorstellungen, *intuitiv*, d. h. ohne bewußtes Nachdenken.

Isomorph nennt man zwei Strukturen, die sich allein in ihren Proportionen (Längen- und Formverhältnissen), nicht aber in ihren inneren Verbindungen unterscheiden, zum Beispiel ein Würfel und ein Quader. Nicht isomorph sind dagegen ein Würfel und eine Pyramide.

Kaleidoskop: optisches Spielzeug. Durch Einblick in eine Röhre – abgeschlossen durch eine Mattscheibe, innen mit Spiegeln versehen, verschiedenfarbige Glasstücke enthaltend – erscheinen beim langsamen Drehen wechselnde, strahlig symmetrische, farbige Figuren.

Kalotte: Abschnitt einer Kugel, der dadurch entsteht, daß man die Kugel durch einen ebenen Schnitt, der nicht den Mittelpunkt trifft, in zwei verschieden große Teile teilt; der kleinere der beiden Teile ist eine Kalotte.

komplementär: verschieden oder sogar gegensätzlich und sich gegenseitig ausschließend, zugleich aber gedanklich oder real zusammengehörig und einander ergänzend.

Koordinate: Linie, auf der oder in deren Richtung (parallel zu ihr) man die Beträge einer veränderlichen Größe aufträgt.

Koordinatensystem: zwei oder mehr Koordinaten*, die in einer festgelegten Beziehung zueinander stehen; zum Beispiel stehen beim »Cartesischen Koordinatensystem« Abszisse* und Ordinate* senkrecht aufeinander und kreuzen sich in der Regel beim Wert null.

Lafette: fahrbares oder festes Haltegerüst einer Kanone.

lateral: seitlich, zur Seite gerichtet.

linearer Zusammenhang: Vervielfachung einer Variablen* führt zur selben Vervielfachung einer anderen Variablen. So steigen zur Zeit die Fahrpreise der Bundesbahn linear mit der Entfernung. Würde sich der Kilometerpreis bei längeren Reisen zunehmend verbilligen (»Mengenrabatt«), so wäre der Zusammenhang *nichtlinear*.

Matrix: rechteckiges oder quadratisches Schema aus Zahlen (wie z. B. das magische Quadrat) oder sonstigen Elementen. Die in einer Matrix nebeneinanderstehenden Elemente bilden eine Zeile, die untereinanderstehenden eine Spalte oder Kolonne.

Morphem. Bedeutungstragender Wortanteil: Beispielsweise besteht das Wort »Kirschen« aus zwei Morphemen, »Kirsche« (für die Frucht) und »...n« (für die »Mehrzahl«).

Ordinate: Senkrechte Achse (y-Achse) im Cartesischen Koordinatensystem*.

Organisatoreffekt: in der Keimentwicklung bedeutsamer, zuerst am Molch entdeckter Vorgang der chemischen Signalübermittlung von einem Keimteil zum benachbarten Gewebe, wodurch dieses Empfängergewebe zu bestimmten Entwicklungsvorgängen veranlaßt wird, die dort sonst nicht stattfinden würden.

Phänotyp: Erscheinungsbild eines Lebewesens, hervorgegangen aus dem Zusammenwirken zwischen seinem Genotyp* und den Bedingungen und Einflüssen der Umwelt.

Phantasie: freies, nicht an logisches Folgern gebundenes Entstehen oder Produzieren bzw. Produzierenkönnen von Vorstellungen.

Platonischer Körper: von untereinander gleichen regelmäßigen Vielecken begrenzter regelmäßiger Körper, zum Beispiel der Würfel.

Polyeder: »Sind Körper nur von ebenen Flächen begrenzt, so werden sie ... Polyeder ... genannt« (Kleine Enzyklopädie Mathematik. Leipzig 1965). Mitunter wird der Begriff auf »von *endlich* vielen ebenen Flächen begrenzte Körper« eingeschränkt. Im letzteren Fall dürfte man den »sechsten Platonischen Körper« (Abb. 8) *nicht* als Polyeder bezeichnen.

Population: zusammenfassender Begriff für alle zu einer Art gehörenden Pflanzen oder Tiere, die ein bestimmtes Gebiet bewohnen. Für den Menschen bedeutet Population soviel wie Bevölkerung.

Priorität: das Verdienst, etwas Bestimmtes als erster getan, hergestellt, entdeckt oder veröffentlicht zu haben.

Proband: in der Psychologie gebräuchlicher Ausdruck für »Versuchsperson«.

Protein, auch Eiweiß(körper) genannt: aus Aminosäuren* zusammengesetzter Naturstoff, zum Beispiel der kennzeichnende Grundbestandteil von Gelatine, Fleisch, Eiweiß, Käse, Haaren, Seide usw.

psychopathologisch: psychisch (das heißt seelisch oder geistig) nicht gesund.

Purkinje-Fasern: in den Kammerwänden des Herzens gelegene Muskelfasern, die auf besonders schnelle Erregungsleitung spezialisiert sind.

Purkinje-Zellen: große Nervenzellen des Kleinhirns mit Fortsätzen, die nach Art eines Spalierbaums verzweigt sind. Mit ihren Signalen senden sie alle Ergebnisse der Datenverarbeitung der Kleinhirnrinde an die übrigen Teile des Gehirns und an das Rückenmark.

Quintessenz: das Wesentliche, der Kern der Sache innerhalb einer großen Vielfalt von Erscheinungen.

Rubikon: Ausdruck für eine Grenze, deren Überschreiten als besonders bedeutsam oder folgenreich gilt. Eigentlich der Name eines kleinen Grenzflusses, den Cäsar im Jahre 49 v. Chr. mit seinem Heer überschritt, wodurch er den mehrjährigen Bürgerkrieg gegen Pompejus entfachte.

Schreckstoffe: von Fischen (auch Kaulquappen) bei Verletzungen ins umgebende Wasser abgegebene Stoffe, die auf die Artgenossen als abschreckendes Signal wirken und sie in die Flucht schlagen.

Sonnenstrahlenfächer. Daß wir Sonnenstrahlen, die durch benachbarte Wolkenlöcher fallen, auseinanderweichen sehen, obwohl sie in Wirklichkeit parallel verlaufen, liegt an der Perspektive: Auch auf uns zulaufende Eisenbahnschienen scheinen zu uns hin zu divergieren*, wenn wir uns zwischen sie stellen und in ihre Verlaufsrichtung blicken. Nur erkennen wir es an den Sonnenstrahlen nicht, daß sie uns nach dem Durchtritt durch die Wolkenlöcher *näherkommen,* weil uns hier unsere visuelle Entfernungsauswertung (wegen der zu großen Entfernung) im Stich läßt. Ein vergleichbares Phänomen begegnet uns, wenn wir auf die schräg auf uns zukommende Fläche eines Hausdaches schauen: Die an sich parallelen Begrenzungskanten divergieren im Blickfeld, weil sie uns bei ihrem Verlauf näherkommen.

Spalte: senkrechte Reihe in einer Matrix*.

sphärisches Sechseck: Sechseck auf einer Kugeloberfläche.

Spiegelbild. Blicken wir in den Spiegel, so sehen wir den rechten Arm rechts im Bild und den linken links im Bild. Die Aussage, im Spiegelbild seien rechts und links vertauscht, stimmt also nicht: Rechts und links bleiben im Spiegelbild ebenso erhalten wie oben und unten. Betrachten wir uns dagegen auf einer photographischen Aufnahme, so ist *dort* rechts und links vertauscht. Die Frage in Abschnitt 3 war somit absichtlich falsch formuliert, um das diskursive*, also Schritt für Schritt vorangehende logische Denken irrezuführen.

Spirochaeten: Familie der Bakterien, schraubig gewunden, teils freilebend, teils parasitisch.

spontan: aus eigenem Antrieb ohne äußeren Anstoß.

Sputnikschock: Schreck der Amerikaner, daß der erste die Erde außerhalb der Atmosphäre umkreisende Satellit (Sputnik) nicht bei ihnen, sondern in der UdSSR gebaut und gestartet wurde.

Standardabweichung: Falls Meßwerte um ihren Mittelwert nach einer Normalverteilung gestreut sind (siehe Abb. 20, S. 122), so ist die Standardabweichung ein mathematischer Kennwert für die Streubreite, und zwar die Wurzel aus dem Durchschnittsbetrag der Quadrate der Einzelabweichungen. Dieser Wert ist um etwa den Faktor 1,25 größer als die durchschnittliche Abweichung vom Mittelwert, die man ebenfalls zum Kennwert für die Streubreite einer Variablen hätte wählen können, was man nur aus mathematischen Nützlichkeitsgründen nicht getan hat.

topologisch: im Hinblick auf die Lagebeziehungen (strukturelle Verknüpfungen) betrachtet.

Variable: Eigenschaft, die durch Zählen oder Messen zu erfassen ist und von Mal zu Mal unterschiedliche Zähl- oder Meßwerte liefern kann; z. B. ist die Lufttemperatur im Verlauf des Tages eine Variable.

Varianz: Falls Meßwerte um ihren Mittelwert nach einer Normalverteilung gestreut sind (siehe Abb. 20, S. 122), so ist die Varianz ein mathematischer Kennwert für die Streubreite, und zwar der Durchschnittsbetrag der Quadrate der Einzelabweichungen. Die Varianz ist damit die ins Quadrat erhobene Standardabweichung*.

verborgene Drehungen: In den drei beschriebenen Armbewegungen sind, auch ohne daß man den Arm *um seine Achse* dreht, Drehungen verborgen. Das gilt beispielsweise für die *zweite* Bewegung: Die Handflächen sind vor Beginn nach unten, danach gegeneinander gerichtet. Diese neue Position wird bei der dritten Bewegung nicht verändert. Durch *drei* Drehungen – nacheinander um die senkrechte Achse, die Vorn-Hinten-Achse und die Seitenachse – wird also derselbe Zustand erreicht wie durch *eine* Drehung um die Vorn-Hinten-Achse.

Zeile: waagerechte Reihe in einer Matrix*.

Literaturverzeichnis

Amthauer, R.: I-S-T, Intelligenz-Struktur-Test. Göttingen (Hogrefe) 1953, 1973[4].

Eysenck, H. J.: Intelligenz – Struktur und Messung. Berlin/Heidelberg (Springer) 1980.

Ders.: The Structure and Measurement of Intelligence. Die Naturwissenschaften *68* (1981) 491–497.

Fischel, W.: Leben und Erleben bei Tieren und Menschen. München (Amb. Barth) 1949.

Grubitzsch, S. und *Rexilius,* G.: Testtheorie – Testpraxis. Reinbek bei Hamburg (Rowohlt) 1978.

Hassenstein, B.: Verhaltensbiologie des Kindes. München (Piper) 1973, 4. neubearbeitete und erweiterte Aufl. 1987.

Ders.: Verhalten. In: Czihak, G.; Langer, H.; Ziegler, H.: Biologie. Ein Lehrbuch. Berlin/Heidelberg (Springer) 1976, 1981.

Ders.: Instinkt Lernen Spielen Einsicht. Einführung in die Verhaltensbiologie. München (Piper-Taschenbuch) 1980.

Ders.: Begabung und Intelligenz. Bemerkungen zu zwei anthropologischen Schlüsselbegriffen. In: Peisl, A. und Mohler, A. (Hrsg.): Reproduktion des Menschen. Beiträge zu einer interdisziplinären Anthropologie. Berlin/Frankfurt/Wien (Ullstein) 1981.

Ders. (Hrsg.): Schulkinder-Hilfen. Lübeck (Hansesches Verlagskontor) 1981.

Ders.: Erbgut, Umwelt, Intelligenzquotient und deren mathematisch-logische Beziehungen. Z. f. Psychol. *190* (1982) 345–365.

Hentig, H. von: Erbliche Umwelt – oder Begabung zwischen Wissenschaft und Politik. In: Skowronek* (Hrsg.) 1973.

Hönl, H.: Rückerinnerungen. In: Giannaras, A.: Convivium cosmologicum. Basel/Stuttgart (Birkhäuser) 1973.

Koehler, O.: Vom Erlernen unbenannter Anzahlen bei Vögeln. Die Naturwissenschaften *29* (1941) 201–218.

Lorenz, K.: Die kognitive Leistung der Wahrnehmung. In: Vergleichende Verhaltensforschung. Wien/New York (Springer) 1978. Neudruck als dtv-Taschenbuch.

Mayer, R. E.: Denken und Problemlösen. Berlin/Heidelberg/New York (Springer) 1979.

Noelle-Neumann, E.: Die Schweigespirale. Öffentliche Meinung – unsere soziale Haut. München (Piper) 1980.

Ott, A. u. B.: Untersuchungen zur Tonhöhenerkennung beim Menschen. Staatsexamenarbeit Freiburg 1982.

Schaller, G. B.: Life with the King of Beasts. National Geographic Magazine *135* (April 1969) 494–519.

Schneider, E.: Von der Null zur Unendlichkeit. Berlin-Schöneberg (Gebr. Weiß-Verlag) 1968. Neuausgabe unter dem Titel »Mathematik ernst und heiter«. Wiesbaden (UMA-Verlag) 1981.

Skowronek, H. (Hrsg.): Umwelt und Begabung. Stuttgart (Klett) 1973, 1976.

Spemann, H.: Der Forscher. Vortrag vom 26. 2. 1930, bisher unveröffentlicht.

Wertheimer, M.: Einstein. Das Denken, das zur Relativitätstheorie führte. Kapitel VII in: Produktives Denken. Frankfurt (Kramer) 1957, 1964.

Willwacher, G.: Fähigkeit eines assoziativen Speichersystems im Vergleich zu Gehirnfunktionen. Biol. Cybernetics *24* (1976) 181–198.

Ders.: Storage of a Temporal Pattern Sequence in a Network. Biol. Cybernetics *43* (1982) 115–126.

Zimmer, D. E.: Der Streit um die Intelligenz. IQ: ererbt oder erworben? München/Wien (Hanser) 1975.

Register

Kursiv gesetzte Seitenzahlen verweisen auf Abbildungen. Ein Punkt auf halber Höhe bedeutet: Vor ihm stehen die wichtigsten Bezugsstellen, hinter ihm andere.